R.C. 스프로울

예수는 누구인가?

생명의말씀사

WHO IS JESUS?
by R.C. Sproul

Copyright © 1983,1999, 2009 by Reformation Trust Publishing
a division of Ligonier Ministries, under the title
Who is Jesus? (*The Crucial questions series*)
Translated by the permission of Ligonier Ministries
through arrangement of rMaeng2, Seoul, Republic of Korea.

All rights reserved.

This Korean Edition Copyright © 2011 by Word of Life Press, Seoul, Republic of Korea

본 저작물의 한국어판 저작권은 알맹2 에이전시를 통하여
Ligonier Ministries와 독점 계약한 생명의말씀사에 있습니다.
신저작권법에 의하여 한국 내에서 보호 받는 저작물이므로 무단 전재와 무단 복제를 금합니다.

예수는 누구인가?

ⓒ **생명의말씀사** 2011

2011년 10월 31일   1판 1쇄 발행
2023년 11월 2일   2쇄 발행

펴낸이 | 김창영
펴낸곳 | 생명의말씀사

등록 | 1962. 1. 10. No.300-1962-1
주소 | 서울시 종로구 경희궁1길 6 (03176)
전화 | 02)738-6555(본사) · 02)3159-7979(영업)
팩스 | 02)739-3824(본사) · 080-022-8585(영업)

기획편집 | 박혜주
디자인 | 박소정
인쇄 | 주손디앤피
제본 | 주손디앤피

ISBN 978-89-04-15963-5 (04230)
ISBN 978-89-04-00158-3 (세트)

저작권자의 허락 없이 이 책의 일부 또는 전체를
무단 복제, 전재, 발췌하면 저작권법에 의해 처벌을 받습니다.

Who is Jesus?
예수는 누구인가?

Contents

Who is Jesus?
예수는 누구인가?

1. 진짜 예수님은 손 좀 들어주시겠습니까? | 7
예수님에 대한 증거는 강력하다 | 의도를 품고 쓴 사람들 | 예수님의 진짜 모습을 알려면

2. 성경은 예수님을 어떻게 부르고 있는가? | 27
그리스도, 메시아 | 다윗의 자손 | 이스라엘의 고난 받는 종 | 인자人子 | 주 Lord | 하나님의 아들 | 로고스 | 구주 Savior

3. 예수님은 어떤 생애를 사셨는가? | 73
확실한 인과법칙 | 예수님의 탄생 | 예수님의 세례 | 예수님의 시험 | 예수님의 수난 | 예수님의 부활 | 예수님의 승천

Who is Jesus?

Chapter 1 진짜 예수님은 손 좀 들어주시겠습니까?

전 세계 미술관에 흩어져 있는 예수님의 초상화는 이루 헤아리지 못할 만큼 많다. 그러나 초상화들이 표현하는 예수님의 이미지가 크게 상충하는 경우가 허다해서 예수님이 육체로 세상에 계실 때 정확히 어떤 모습이셨는지 짐작하는 데 그다지 도움이 안 된다. 초상화에 표현된 예수님의 이미지가 다양한 만큼이나 예수님이 누구신가에 관한 혼란도 극심하다.

우리는 '진짜' 그리스도가 필요하다. 공허한 사변思辨이 낳은 그리스도나 철학자들이 자기 틀에 억지로 끼워 맞춘 그리스도로는 안 된다. 재생된 그리스도, 타협이 낳은 그리스도는 아무도 구원하지 못한다. 물 탄 그리스도, 능력이 제거된 그리스도, 영광을 잃은 그리스도, 한낱 상징으로 전락한 그리스도, 학문의 수술대에서 힘을 빼앗긴 그리스도는 그리스도가 아니라 적그리스도 Antichrist다.

적 anti 이라는 접두어는 '대신하다' instead of 또는 '맞서다' against라는 뜻이다. 이 두 단어는 언어상으로는 다르지만 삶에서는 차이가 없다. 진짜 예수를 '대체물로 바꾸는' 짓은 그리스도를 '대적' 하는 행위이기 때문이다. 진짜 그리스도를 바꿔치기 하거나 왜곡하는 짓은 거짓 그리스도로 진짜 그리스도를 대적하는 행위다.

인류 역사에서 나사렛 예수만큼 많은 연구나 비판이나 편견이나 헌신의 대상이 되었던 인물은 없다. 나사렛 예수는 인류 역사에 더없이 큰 영향을 미쳤다. 이 때문에 나사렛 예수는 비판의 화살이 빗발치는 과녁이 되었고, 해석자들이 자기 편견에 따라 제멋대로 뜯어고치는 주된 수정의 대상이 되었다.

역사적 예수의 초상은 무수한 전쟁에서 그분을 자기편으

로 끌어들이려는 자들의 헛된 욕심에 맞게 조작되었다. 신학자들은 예수님을 카멜레온 취급하며 자신이 칠해놓은 배경색에 어울리게 예수님의 색깔을 바꿔버린다.

신약성경이 그려내는 예수님의 초상화 뒤로 들어가 '진짜' 역사적 예수를 찾아내려는 치밀한 시도가 여러 차례 있었다. 그렇지만 역사의 벽을 뚫고 들어가 사도들의 원시 증언의 장막을 들춰보겠다는 이런 시도는 진짜 예수를 이해하는 데 별반 도움이 되지 않았다. 학자들이 장막 뒤에서 찾아낸 예수는 자기 편견에 따라 자기 형상대로 빚어낸 예수에 지나지 않았다.

19세기 자유주의자들은 자유주의자 예수를 찾아냈다. 실존주의자들은 실존주의의 영웅을 찾아냈다. 막시스트들은 정치 혁명가 예수를 찾아냈다. 이상주의자들은 이상주의자 예수를 찾아냈고, 실용주의자들은 실용주의자 예수를 찾아냈다. 신약성경의 이면이나 너머를 뒤지는 행위는 교만과 편견이란 손전등을 들고 사냥을 나가는 어리석기 짝이 없는 짓이다.

다음엔 가위와 풀로 짜깁기된 예수가 있다. 이것은 성경에서 그리스도 전승의 진정한 핵심을 찾아내려던 자들이 그려낸 예수다. 이들은 진짜 예수를 드러내겠다면서 불필요하게 첨가되었다고 생각되는 부분, 바로 신화와 전설을 도려낸다. 아주 과학적인 듯하지만 이것 역시 마술에 지나지 않는다.

마술사의 기교는 고작해야 *루돌프 불트만Rudolf Bultmann이나 *존 로빈슨John A. T. Robinson이 그려낸 예수의 초상화를 우리에게 제시할 뿐이다. 이번에도 진짜 예수의 모습은 분명하게 드러나지 않는다. 기껏해야 신약성경의 자료를 아주 조금 보존했을 뿐이면서 자신들이 객관성을 유지했다고 생각한다. 그러나 결과물은 거기서거기다. 그 결과물도 고작 가위를 휘두르고 손에 풀이 덕지덕지 붙은 학자의 편견이 만들어낸 예수에 지나지 않는다.

이런 이야기가 있다. 한 나그네가 어느 농가의 문을 두드리며 자신을 일꾼으로 써달라고 공손하게 부탁했다. 농부는 그의 일솜씨를 알아볼 요량으로 몇 가지 일을 시켜보았다. 처음에는 장작을 패게 했다. 나그네는 순식간에 일을 끝냈다. 그 다음에는 밭갈이를 맡겼다. 이번에도 몇 시간 만에 끝났다. 농부는 매우 기뻤다. 현대판 헤라클레스가 제 발로 찾아온 것이다.

세 번째 일은 그다지 힘들지 않았다. 농부는 일꾼을 헛간으로 데려가 큰 감자더미를 상품과 하품으로 구분해 나눠 담으라고 했다. 그러나 이번에는 농부의 기대와 달리 빼어난 일꾼이 빨리 끝내지 못했다. 여러 시간이 지나도 일꾼이 감감무소식이라 농부는 어찌된 영문인지 알아보려고 헛간으로 갔다.

감자더미는 그냥 그대로였다. 상품 바구니에는 감자가 달랑 하나, 하품 바구니에는 고작 둘뿐이었다. "어찌 된 거요? 왜 이리 더뎌요?" 농부가 물었다. 일꾼은 난처한 표정으로 손을 털고 일어서며 말했다. "결정을 내린다는 게 너무 어렵네요."

가위와 풀로 짜깁는 방법은 문제투성이다. 성경이 그려내는 예수의 초상에서 무엇이 진짜이고 무엇이 신화인지 지레 결정해야 하기 때문이다. 불트만이 쪽정이 통에 버린 부분을 다른 학자는 알곡 통에 담는다. 불트만이 으뜸이라고 말하는 부분을 다른 학자는 하찮게 여기고 버린다.

예수님에 대한 증거는 강력하다

문제는 간단하다. 문제는 신약성경 저자들의 보도가 '조잡하다'거나 복음서라 불리는 역사 문헌이 '엉성하다'는 게 아니다. 스위스 신학자 에밀 브루너 Emil Brunner는 19세기 자유주의를 경고했다. 브루너의 판단은 단순하면서도 강력했다. 그는 불신앙, 즉 믿음이 없을 뿐이라고 지적했다.

브루너가 말하는 불신앙은 증거가 부족해 믿지 못하는 불신앙이 아니다. 주장을 뒷받침하는 증거가 부족해 믿기를 보류하는 건 올바르고 지혜로운 대응이다. 증거가 부실한 데도 무턱대고 믿는다면 맹신에 지나지 않다. 그건 하나님을 높이는 행위가 아니다.

그러나 예수님에 대한 증거는 강력하다. 따라서 그분을 믿지 않는 건 그야말로 부도덕한 행위다. 예수님은 불신앙을 지적인 실수가 아니라 하나님을 대적하는 편협한 행위로 보신다. 이런 부류의 불신앙은 교회와 하나님의 백성들을 무너뜨린다.

그런데 이런 노골적인 불신앙이 어떻게 그리스도의 교회

를 공격하고, 적잖은 경우 신학교와 교단 전체를 공격하는 걸까? 신약성경이 그려낸 예수님의 초상을 거부한다면 기독교를 그냥 통째로 포기하면 될 것 아닌가? 가공의 예수를 종교적 목발로 삼아야 하는 무지렁이들에게 교회를 넘겨버리면 될 일 아닌가?

19세기에 교회는 위기를 맞았다. 신약성경의 초자연적 핵심을 단호히 거부하는 자유주의 신학이 일어났기 때문이다. 이러한 위기는 마침내 매우 실제적인 문제까지 압박했다. 교회 지도자나 신학 교수가 어느 날 아침에 깨어보니 자신이 더는 성경의 가르침이나 교회의 신앙고백을 믿지 않는다는 사실을 발견했다. 자, 이들은 어떤 선택을 해야 할까?

가장 자연스런 선택은 자신이 더 이상 믿지 않음을 선언하고 조용히 교회를 떠나는 것이다. 그러나 교회 권력이 이들의 손아귀에 있다면, 이들은 몇 가지 실제적인 문제를 고려한다.

이들의 직업은 임직과 훈련을 통해 교회와 연결되어 있다. 교회는 많은 돈이 오가는 기업이며, 적극적으로 활동하는 회원이 수백만에 이르는 튼튼한 문화 조직이며, 효과가 입증된 사회개혁 수단이다. 이런 여러 요인 때문에 이들은 세상에 자신의 불신앙을 선언하고 교회 문을 닫는 쪽에 마음이 끌리지 않는다. 그래서 저항을 최소화하기 위해 기독교를 '재정의'한다.

기독교를 재정의하기란 결코 쉽지 않다. 지금까지 기독교는 두 가지 중요한 요소를 통해 정의되었다. (1)기독교의 설립자이자 선생인 나사렛 예수에 관한 1차 자료를 담은 문헌이 존재한다. (2)2천년을 전승돼 내려온 교회 전통이 존재한다. 이 전통은 특정 문제에서는 교단마다 견해가 다른 부분이 있으나 기독교의 본질을 이루는 부분에서는 놀랄 만큼 일치된 신앙고백을 보여준다.

기독교를 재정의하려면 성경의 권위를 무력화하고 신앙고백의 권위를 상대화해야 한다. 지난 150년 동안 교회의 싸움은 정확히 이 두 부분에서 일어났다. 신학교와 교회 내부에서 벌어지는 논쟁에서, 태풍의 눈이 성경과 신앙고백 문제에 집중된다는 사실은 우연이 아니다. 왜 그런가? 단순히 종이 위의 글자 때문이 아니라 그리스도 때문이다. 기독교를 재정의하려면 성경이 말하는 그리스도와 신앙고백이 말하는 그리스도를 추방해야 한다.

교회를 '그리스도의 몸'이라고 한다. 어떤 사람들은 교회를 '지속적인 성육신'이라고 말한다. 교회는 그리스도께서 맡기신 사명을 구현하고 이행하기 위해 존재한다. 그렇기에 그리스도 없는 교회는 상상조차 불가능하다.

그러나 교회는 그리스도가 아니다. 교회는 그리스도께서 세우시고, 그리스도께서 빚으시며, 그리스도께서 위임하시고, 그리스도께서 능력을 주시는 곳이다. 교회는 그리스도께서 다스리시고, 그리스도께서 거룩하게 하시며, 그리스도께서 보호하시는 곳이다.

그러나 교회는 그리스도가 아니다. 교회는 구원을 전파하고 구원받은 자들을 양육할 수 있다. 그러나 교회가 영혼을 구원하지는 못한다. 교회는 죄에 대해 설교하고 훈계하며 꾸짖고 타이를 수 있다. 교회는 죄 용서를 선포할 수 있고, 죄를 신학적으로 정의할 수 있다. 그러나 교회가 죄를 대속代贖하지는 못한다.

키프리안Cyprian은 이렇게 말했다. "교회를 어머니로 두지 않는 자는 하나님을 아버지로 두지 못한다." 배고픈 아기가 엄마 젖이 필요하듯이, 우리는 교회가 간절히 필요하다. 교회가 없으면 우리는 영양을 공급받지 못하고 자라지 못한다. 그리스도는 받아들이지만 교회는 경멸한다는 건 완전한 모순이다. 교회는 받아들이지 않으면서 그리스도만 받아들일 수는 없다.

그러나 교회만 받아들이고 그리스도는 진정으로 받아들이지 않는 것은 가능하다. 어거스틴은 교회를 코르푸스 페르믹스툼corpus permixtum, 즉 알곡과 쭉정이, 불신자와 신자가 함께 존재하는 '혼합체'라고 했다. 불신앙이 교회에 들어오기도 한다는 뜻이다. 그러나 절대로 불신앙이 그리스도에게는 들어오지 못한다.

구원을 받으려면 우리가 믿는 그리스도, 우리가 신뢰하는 그리스도가 진짜여야 한다. 가짜 그리스도나 대체 그리스도는 우리를 구원하지 못한다. 성경이 말하는 그리스도께서 우리를 구원하지 못할 듯하다면, 인간이 만들어낸 사변적 그리스도는 두말할 필요도 없다. 성경 없이는 진짜 예수의 중요성을 알 길이 전혀 없다.

우리의 믿음은 성경이 말하는 예수님과 함께 굳게 서거나 함께 와르르 넘어진다. 성경이 하나님의 감동으로 쓰였다는 것을 믿지 않는다면 위험을 무릅쓰고 그렇게 하라. 그러나 성경 영감론을 말하지 않더라도 신약성경은 1차 자료이다.

신약성경은 예수님을 알았던 사람들이 기록한 가장 오래된 문헌이며, 그분에게 배웠고 그분의 사역을 직접 목격한 사람들의 기록이다. 신약성경은 우리 손에 들린 가장 객관적인 역사 자료이다.

의도를 품고 쓴 사람들

이 시점에서 어떤 사람들은 신약성경에 나타난 예수의 초상화는 편향된 사람들이 의도를 갖고 그려낸 작품이 틀림없다며 이의를 제기한다. 복음서는 역사가 아니라 사람들을 설득시켜 예수를 따르게 하려는 의도가 짙은 구속사救贖史라는 것이다.

분명 저자들에게는 숨기지 않는 의도가 있다. 사도 요한은 단도직입적으로 말한다. "오직 이것을 기록함은 너희로 예수께서 하나님의 아들 그리스도이심을 믿게 하려 함이요 또 너희로 믿고 그 이름을 힘입어 생명을 얻게 하려 함이니라"
요 20:31.

만약 이들이 불신자이면서도 다른 사람들에게 믿으라고 권했다면, 겉 다르고 속 다른 사람들이다. 그러나 이들은 자신이 전하는 메시지를 목숨을 내걸고 믿었다. 이러한 사실 때문에 이들의 메시지는 신뢰성이 오히려 올라간다.

이들의 기록은 말 그대로 구속사redemptive history였다. 이들의 기록이 구속의redemptive 역사였던 까닭은 이들이 중립적이고 객관적인 역사가의 시각으로 기록하지 않았기 때문이다. 이들의 기록이 역사history였던 까닭은 이들이 자신의 증언이 참되다고 주장했기 때문이다.

이 대목에서 세상 물정에 밝은 냉철한 회의주의자들이 실제적인 의문을 제기한다. 이들은 사도들이 전하는 그리스도는 한낱 공상에 지나지 않는다고 폭로함으로써 성경이 말하는 그리스도를 깎아내리려 든다. 이들은 예수와 가장 가까웠던 자들마저 신자였기 때문에 한쪽으로 치우쳤다면, '진짜' 예수를 찾아내려는 학문적 노력은 무의미하다고 주장한다.

우리가 예수에 관해 아는 모든 정보가 사도들의 증언에서 나왔다면, 다시 말해 사도들이 '휘장'이며 우리는 그 휘장을 통해서만 예수를 볼 수 있다면 우리의 노력은 무의미하다는 것이다.

이러한 의문에 대한 해답은 역사적 예수가 진공 상태에서 살지 않았다는 것이다. 우리는 그분이 주변 사람들을 어떻게 변화시켰는지를 통해 그분을 알 수 있다.

나는 마태를 철저하게 바꿔 놓으신 예수님, 베드로를 변화시키신 예수님, 다메섹으로 가는 길에서 다소의 사울을 180도 바꿔 놓으신 예수님을 알기 원한다. 이러한 직접 증인들이 나를 '진짜' 예수님에게 인도하지 못한다면, 누가 하겠는가? 어떤 사람의 친구들과 사랑하는 사람들을 통해 그 사람을 알지 못한다면, 누가 그를 알 수 있겠는가?

사도들이 나를 예수님에게 인도하지 못한다면 나는 둘 중 하나를 선택할 수밖에 없다. 영지주의라는 가장 오래된 이단을 받아들여 순전히 신비적 주관주의를 통해 천상의 요새에 올라가든지, 예수님을 진리의 영역에서 완전히 몰아내는 회의주의자들의 진지에 나의 천막을 치는 것이다.

내게 성경이 말하는 그리스도를 주든지 아니면 아무것도

주지 말라. 어서 빨리 그렇게 하라. 두 선택이 내게 주는 거라고는 열매 없는 힘든 연구의 좌절감뿐이기 때문이다.

예수님은 이렇게 말씀하셨다. "사람이 만일 온 천하를 얻고도 자기 목숨을 잃으면 무엇이 유익하리요? 사람이 무엇을 주고 자기 목숨과 바꾸겠느냐?" 막 8:36-37. 예수님은 인간의 영혼에 어마어마한 가격표를 붙이셨다. 그래서 나는 감사한다. 내 영혼은 귀하다.

귀한 내 영혼을 공허한 그리스도, 주관적 사변이 낳은 그리스도에게 허비하기는 싫다. 그러나 우리가 진짜 그리스도의 발끝에도 못 미치는 그리스도를 받아들일 때, 자기 영혼을 바로 이렇게 허비하는 셈이다. 그리스도께서 생명을 바쳐 구원하려 하신 바로 그 영혼으로 장난을 치는 셈이다.

예수님의 진짜 모습을 알려면

예수님의 모습을 찾아가는 길은 다양하다. 교회의 전통적인 신앙고백을 살펴보면서 대대로 축적된 지혜에서 귀한 통찰을 얻을 수도 있다. 현대신학을 집중적으로 연구하면서 우리문화에 비추어 예수님을 탐구할 수도 있다. 자신의 창의성이 어느 정도인지 시험해보면서 또 하나의 사변적 시각을 제시할 수도 있다.

나는 신약성경이 우리에게 제시하는 그대로 예수님을 살펴보는 쪽을 선택하겠다. 성경은 하나님의 계시도 아니고 하나님의 감동으로 기록되지도 않았다고 보는 사람들이라도 한 가지 사실은 절대로 부정하지 못한다. 우리가 예수님에 관해 아는 전부가 성경에 기록되어 있다는 것이다. 신약성경 저자들은 우리가 예수님에 관한 지식을 얻는 1차 자료이다. 따라서 이러한 1차 자료를 무시하거나 거부하면 우리에게는 오직 '추측'만이 남는다.

우리는 신약성경에 주의를 집중할 때 "아드 폰테스!" Ad fontes!, "근원으로!"라는 에라스무스 Erasmus의 외침을 되풀이해야 한다. 우리는 예수님 때로부터 2천년의 세월이 떨어졌기에, 예수님을 알았고 예수님과 함께 걸었으며 예수님의 행동을 지켜보았고 구약성경의 시각으로 예수님을 해석했던 동시대 사람들처럼 순수하게 반응하지 못한다.

성경 저자들이 우리의 1차 자료이다. 그러기에 예수님을 진지하게 연구하려면 이들이 그려낸 예수님의 모습에 최우선 순위를 두어야 한다. 신약성경 저자들 외에 예수님의 인격과 그분의 사역을 언급하는 1세기 문헌은 고작 세 단락에 지나지 않는다.

성경 자료로 돌아갈 때 명심해야 할 점이 있다. 신약성경은 21세기 작품이 아니지만 읽는 우리는 21세기 사람이다. 예수님을 이해하려 할 때마다 자기 생각이 만들어내는 위험을 고려해야 한다는 것이다.

우리는 저마다 어릴 때부터 예수님의 모습을 적잖이 보았다. 설령 성탄절에 구유에 누이신 아기 예수처럼 단순하게 표현된 모습만 보았고 성경이 말하는 예수님을 썩 잘 알지는 못하더라도, 웬만한 현대인은 누구든지 예수님을 어느 정도 알며 그분에 대해 나름대로 견해도 있다.

우리의 견해는 성경이 그려내는 예수님의 모습과 일치할 수도 있고 그렇지 않을 수도 있다. 그런데도 우리는 자신의 추측을 그대로 본문에 적용하고, 이따금 선입견에 치우쳐 예수님의 동시대 사람들이 하는 말을 제대로 듣지 못한다.

주의해야 할 사실이 하나 더 있다. 예수님은 단지 역사적 관심을 끄는 인물, 곧 우리가 무덤덤하게 연구해도 되는 분이 아니다. 우리는 예수님이 하나님의 아들이며 세상의 구주라는 주장을 안다. 그러기에 우리는 자신이 그분을 받아들일지 아니면 배척할지 반드시 결정해야 한다는 것을 깨닫는다. 우리는 많은 사람들이 이러한 결정에 따라 자신의 영원한 운명이 결정된다고 믿는다는 것을 알기 때문이다.

우리는 자신이 예수님을 어떻게 이해하느냐에 엄청나게 많은 것이 달려 있기에 절대로 이 결정을 무덤덤하게 내리지 말고 예수님이 누군지 알고 내려야 한다는 걸 느낀다. 이것은 우리 각자에게 더없이 중요한 문제다. 예수님이 내 삶을 절대적으로 주장하시는지 그렇지 않은지는 모르고 넘어가도 그만인 문제가 아니다.

신약성경 저자들은 나사렛 예수를 직접 증언한다. 누가는 자신의 복음서를 이렇게 시작한다.

우리 중에 이루어진 사실에 대하여 처음부터 목격자와 말씀의 일꾼 된 자들이 전하여 준 그대로 내력을 저술하려고 붓을 든 사람이 많은지라. 그 모든 일을 근원부터 자세히 미루어

살핀 나도 데오빌로 각하에게 차례대로 써 보내는 것이 좋은 줄 알았노니, 이는 각하가 알고 있는 바를 더 확실하게 하려 함이로라 눅 1:1-4.

베드로는 이렇게 덧붙인다.

우리 주 예수 그리스도의 능력과 강림하심을 너희에게 알게 한 것이 교묘히 만든 이야기를 따른 것이 아니요, 우리는 그의 크신 위엄을 친히 본 자라 벧후 1:16.

성경 기록은 당당하게 드러내놓고 예수님을 따랐던 사람들의 직접 증언이다. 이제 그분을 알았고, 그분을 사랑했으며, 그분을 위해 목숨을 바친 사람들의 증언을 살펴보자.

*루돌프 불트만

독일의 신학자. 성서의 신화론을 현대에 그대로 이야기하는 것은 무의미하다는 이른바 비신화화를 주장했다. 1950년대에 복음서를 통해 역사적 예수를 재건하는 것은 불가능에 가깝다는 '역사적 예수의 문제'의 동기를 만들었다. 불트만의 역사 이해는 하이데거의 실존주의에 영향을 받아, 역사를 실존사로만 해소하려 한 점이 강한 비판을 받았다.

*존 로빈슨

본회퍼로부터 시작된 세속화 신학은 로빈슨을 통해 대중화되었다. 전통적인 신 개념을 거부하고 하나님이 이 세상 안에 존재하며 모든 존재의 깊이와 토대가 된다고 주장했다. 그리스도의 초자연성과 초월성을 거부하고 그리스도의 인류 구속 사역을 '다른 이들을 위한 인간'의 예를 추구한 것으로 축소하고 변질시켜 비판의 대상이 되었다.

Who is Jesus?

Chapter 2 　성경은 예수님을 어떻게 부르고 있는가?

몇 해 전이었다. 저명한 신약학 교수가 큰 신학교에서 열리는 학술대회에 강연자로 초대받았다. 대학에서 열리는 학술대회는 대개 화려하고 거창하다. 교수들이 학위 가운으로 한껏 치장하여 줄지어 연단으로 나가고, 초청된 강연자는 무게 있고 학문적인 강연을 하기 마련이다.

이번에도 신약학 교수가 강연장에 들어설 때 학생들과 교수들은 강연을 잔뜩 기대하며 기다렸다. 강연자는 기독론 분야의 전문가였기에 그 분야에서 가장 최근에 연구한 성과를 발표하리라고 기대했다.

그런데 강연자는 연단에 서더니 성경에 나오는 예수님의 칭호를 열거하기 시작했다. 그는 몇 분간 계속 열거만 할 뿐 아무 설명도 덧붙이지 않았다. 그런데 이것만으로도 청중은 깊은 감동을 느꼈다.

"그리스도, 주, 랍비, 인자, 하나님의 아들, 다윗의 자손, 유다의 사자, 샤론의 수선화, 광명한 새벽별, 알파와 오메가, 말씀로고스, 대언자, 평강의 왕, 아버지의 독생자, 흠 없고 점 없는 어린양." 강연자는 중간 중간 숨을 고르며 성경 저자들이 예수님에게 붙인 칭호를 빠짐없이 열거했다.

이러한 칭호들은 예수님이 누구신지 보여주며, 그분이 하신 일의 의미를 알아내는 실마리이기도 하다. 관례적으로, 신학은 그리스도의 인격과 사역을 구분한다. 예수님의 인격과 사역을 구분해도 되지만, 절대로 둘을 분리해서는 안 된다.

부분적으로 우리는 예수님이 하신 일을 통해 그분을 안다. 다른 한편으로, 예수님이 누구냐에 따라 그분이 하신 일은 의미가 전혀 달라진다. 신약성경에서 예수님께 사용된 칭호들을 보면, 그분의 인격과 사역이 서로 연결되어 있다.

성경에 사용된 예수님의 칭호들 가운데 중요하다고 생각

되는 몇몇만 간략하게 살펴보도록 하자.

그리스도, 메시아

그리스도라는 칭호는 예수님의 이름과 연결해 사용될 때가 아주 빈번하기 때문에 사실상 그분의 이름이 되었다. '요셉의 아들 예수', '나사렛 예수'가 아니라 보통 '예수 그리스도'를 그분의 온전한 이름으로 생각한다. 그러나 그리스도라는 용어를 이름으로 생각하면, 그리스도가 내포하는 온전한 의미를 놓쳐버릴 수 있다. 실제로 예수가 이름이고 그리스도는 칭호title이다. 그리스도는 신약성경에서 가장 자주 사용되는 예수님의 칭호다.

그리스도는 크리스토스christos라는 헬라어 단어에서 파생했는데 '기름부음을 받은 자' the anointed라는 뜻이다. 그리스도는 '메시아'라는 히브리어 단어를 헬라어로 번역해 놓은 것이다. 예수님을 '그리스도'라고 부른다는 말은 그분을 '메시아'라고 부른다는 뜻이다. 예수님의 이름과 칭호를 직접 옮기면 '메시아 예수'가 된다. 예수님을 '메시아'라고 부르는 건 예수님이 이스라엘이 오랫동안 기다렸던 기름부음을 받은 자, 곧 자기 백성을 구속할 구주라는 믿음을 고백한다는 뜻이다.

구약성경에서 메시아 개념은 하나님이 메시아의 성격과 역할을 점진적으로 계시하시면서 오랜 세월에 걸쳐 형성되었다. 메시아라는 용어는 본래 '특별한 일을 위해 하나님에게 기름부음 받은 자'를 의미했다. 선지자나 제사장이나 왕처럼 하나님의 일을 수행하도록 기름부음을 받은 자는 누구든지 넓은 의미에서 '메시아'라 불러도 좋았다.

구약성경의 예언들을 통해, '그' 메시아the Messiah, 곧 하나님의 일을 성취하기 위해 하나님에게 특별히 기름부음을 받은 자라는 개념이 서서히 형성됐다. 신약성경 저자들은 이러한 메시아 예언들이 예수님에게서 성취되었다고 했는데, 이건 엄청난 의미를 내포하는 선언이었다. 이들은 예수님이 "오실" 그분이라고 말하고 있었다. 예수님이 메시아에게 집중된 하나님의 약속을 모두 성취하셨다.

구약성경에는 다양한 메시아 대망이 공존한다. 언뜻 보면 여러 메시아 대망이 서로 모순되는 듯하다. 핵심적인 메시아 대망들 가운데 하나는 이스라엘 왕국을 회복할 다윗 같은 왕의 출현을 고대하는 것이다. 이스라엘의 모든 원수를 밟을 메시아를 고대하는 대망에는 승리의 분위기가 넘친다.

이것은 예수님이 세상에 계실 때 가장 대중적인 메시아 사상이었다. 이스라엘은 로마에게 정복당해 고통스런 나날을 보내고 있었고, 이방인의 멍에에 짓눌려 울분이 폭발할 지경이었다. 수많은 사람들이 예언대로 메시아가 와서 로마 지배를 종식시키고 이스라엘을 다시 독립시킬 날을 고대했다.

또 다른 메시아 개념은 이스라엘의 고난 받는 종, 곧 백성의 죄를 담당할 종이라는 개념이었다. 이러한 메시아 개념은 이사야 선지자의 '종의 노래들'에 가장 분명하게 나오는데, 그 가운데 백미는 신약성경 저자들이 예수님의 수치스런 죽음을 이해하기 위해 인용하는 이사야 53장이다. 멸시받고 배척당하는 종의 모습은 고귀한 왕의 개념과 극명하게 대조된다.

메시아 대망의 셋째 가닥은 이른 바 구약성경의 묵시문학으로 알려진 다니엘서와 에스겔서 같은 매우 상징적인 글에 나타난다. 묵시문학에서, 메시아 또는 인자 Son of Man는 세상을 심판하러 지상에 내려오는 천상의 존재다.

동일 인물이 어떻게 천상의 존재인 동시에 지상의 왕이고, 우주의 심판자인 동시에 수치를 당하는 종이 되는지 이해하기 어렵다. 그러나 이 셋은 예수님이 세상에 오실 당신에 매우 활발했던 다양한 메시아 대망 가운데 주류였다. 이제, 메시아 대망의 세 가닥을 좀 더 자세히 살펴보자.

다윗의 자손

구약성경에서 다윗왕이 통치하던 시대는 이스라엘의 황금기였다. 다윗은 탁월한 군대 지휘관이자 탁월한 군주였다. 그는 군대 원정을 통해 국토를 넓혔고 이스라엘을 강대국 대열에 올려놓았다. 다윗의 통치 하에서 이스라엘은 막강한 군사력과 번영을 누렸다.

그러나 이러한 이스라엘의 황금기는 솔로몬이 대규모 건축을 진행하면서 내리막길로 들어섰고, 여로보암과 르호보암이 왕국을 둘로 쪼개면서 완전히 끝났다. 그러나 황금기에 대한 추억은 이스라엘의 역사에서 사라지지 않았다. 그러다가 유대인들이 로마제국의 압제를 견디다 못해 하나님께 이스라엘의 옛 영광을 회복할 새로운 다윗을 보내달라고 갈구하면서 이런 향수는 절정에 이르렀다.

정치적 메시아를 둘러싼 이러한 대망은 단지 옛 영광을 그리는 향수만은 아니었다. 이들이 이러한 정치적 메시아의 등장을 꿈꿨던 까닭은 구약성경의 메시아 예언 때문이었다. 시편은 하나님이 친히 다윗 같은 자에게 기름 부어 왕으로 세우시리라고 선포했다.

시편 132편 11절은 이렇게 말한다. "여호와께서 다윗에게 성실히 맹세하셨으니 변하지 아니하실지라. 이르시기를 네 몸의 소생을 네 왕위에 둘지라." 시편 89편은 이렇게 선포한다. "또 그의 후손을 영구하게 하여 그의 왕위를 하늘의 날과 같게 하리로다······ 내 언약을 깨뜨리지 아니하고 내 입술에서 낸 것은 변하지 아니하리로다. 내가 나의 거룩함으로 한 번 맹세하였은즉 다윗에게 거짓말을 하지 아니할 것이라. 그의 후손이 장구하고 그의 왕위는 해 같이 내 앞에 항상 있으며······"29, 34-36.

다윗 같은 자가 오리라는 희망과 기대는 시편은 물론이고 예언서에도 나타난다. 아모스는 이렇게 선포했다. "그날에 내가 다윗의 무너진 장막을 일으키고……" 암 9:11.

유대인들이 누리는 정치적 자유의 수준에 따라 이런 민족의 희망은 뜨거워졌다가 식어지곤 했다. 위기와 억압의 시대가 되면 유대인들은 무너진 다윗의 장막이 회복되길 갈망했다.

예수님이 오시면서 다윗의 후손에서 왕 같은 메시아가 나오리라는 기대와 희망이 다시 불붙었다. 신약성경 저자들은 예수님이 유다지파 출신이라는 사실이 우연의 일치라고 생각하지 않았다. 유다지파, 곧 다윗의 지파에서 새로운 이스라엘 왕국을 건설할 인물이 나오리라고 예언되었다. 신약성경 저자들은 왕이신 메시아를 기다리는 구약의 희망이 예수님에게서 성취되었다고 보았던 게 분명하다. 예수님의 승천이 신약성경에서 더없이 중요한 위치를 차지한다는 사실이 이를 증명한다. 신약성경 저자들은 예수님을 하나님 나라를 선포하고 여는 다윗의 자손으로 보았다.

예수님은 사역 중에 자신을 왕으로 옹립하려는 무리를 이따금 피하셔야 했다. 이들이 생각하는 왕의 개념이 지나치게

편협했기 때문이다. 이들은 죽음과 고난이라는 대가 없이 시작되는 왕국을 생각했다. 이들은 고난당하는 왕을 생각할 겨를이 없었다. 예수님은 거듭 무리에게서 물러나셔야 했고, 제자들에게 자신이 메시아임을 공개적으로 선언하지 말라고 경고하셨다. 그러나 한 순간도 자신이 그리스도가 아니라고 말씀하지는 않으셨다. 제자들이 자신을 메시아로 담대하게 고백했을 때, 예수님은 이 칭호를 받아들이고 제자들을 축복하셨다.

예수님이 메시아로 밝혀지는 놀라운 사건이 가이사랴 빌립보에서 일어났다. 예수님이 제자들에게 물으셨다. "무리가 나를 누구라고 하느냐?" 눅 9:18. 제자들은 예수님에게 무리들의 생각을 그대로 전했다. "더러는 세례 요한, 더러는 엘리야, 어떤 이는 예레미야나 선지자 중의 하나라 하나이다." 마지막으로 예수님은 최측근 제자들에게 물으셨다. "너희는 나를 누구라 하느냐?" 이 물음에, 베드로가 열정적으로 대답했다. "주는 그리스도시요 살아 계신 하나님의 아들이시니이다" 마 16:14-16.

예수님이 베드로의 고백에 보이신 반응은 신약성경이 그

리스도를 누구라고 보는지에 더없이 중요하다. 예수님은 이렇게 대답하셨다. "바요나 시몬아, 네가 복이 있도다. 이를 네게 알게 한 이는 혈육이 아니요 하늘에 계신 내 아버지시니라"17절.

예수님은 하나님이 자신의 진정한 신분을 계시하신 자를 축복하셨다. 예수님은 베드로가 자신이 누구인지 정확히 안다고 인정하셨다. 베드로는 외부적인 증거를 살핀 후에 이렇게 고백한 게 아니다. 오히려 베드로가 예수님이 누구신지 정확히 인식한 까닭은 아버지 하나님의 계시 덕에 그의 눈에서 비늘이 벗겨졌기 때문이었다.

그런가하면 세례 요한은 예수님을 가리켜 "보라 세상 죄를 지고 가는 하나님의 어린 양이로다"요 1:29라고 했다. 그러나 세례 요한은 감옥에 갇히자 믿음이 흔들렸고, 예수님에게 사람들을 보내 예리한 질문을 던졌다. "오실 그이가 당신이오니이까? 우리가 다른 이를 기다리오리이까?"

예수님은 이들에게 이렇게 대답하셨다. "너희가 가서 보고 들은 것을 요한에게 알리되, 맹인이 보며, 못 걷는 사람이 걸으며, 나병환자가 깨끗함을 받으며, 귀먹은 사람이 들으며, 죽은 자가 살아나며, 가난한 자에게 복음이 전파된다 하라" 눅 7:20-22.

느닷없이 불쑥 내뱉은 말씀이 아니었다. 예수님은 이사야 61장의 예언을 주목하라고 요구하고 계셨다. 이사야 61장은 예수님이 나사렛 회당에서 낭독하신 말씀이었다. "주의 성령이 내게 임하셨으니, 이는 가난한 자에게 복음을 전하게 하시려고 내게 기름을 부으시고 나를 보내사, 포로 된 자에게 자유를, 눈 먼 자에게 다시 보게 함을 전파하며, 눌린 자를 자유롭게 하고, 주의 은혜의 해를 전파하게 하려 하심이라" 눅 4;18-19. 예수님은 두루마리를 다 낭독하신 후, 이렇게 말씀하셨다. "이 글이 오늘 너희 귀에 응하였느니라" 21절.

사실 예수님은 세례 요한의 물음에 이렇게 답하신 것이다. "요한에게 이사야의 예언을 다시 읽어보라고 하시오. 그러면 그가 내게 했던 물음의 해답을 알게 될 거요."

이스라엘의 고난 받는 종

여호와의 종 또는 이사야 선지자가 말하는 "고난 받는 종"

은 신약성경이 예수님을 이해하는 잣대다. 이사야서의 저자가 누구이며 그가 염두에 둔 종이 누구인지를 두고 뜨거운 논쟁이 벌어진다. 어떤 사람들은 이 종이 이스라엘 전체라고 주장하고, 어떤 사람들은 이 종의 역할을 고레스, 혹은 이사야 자신에게 적용한다. 이러한 논쟁은 틀림없이 계속되겠지만, 신약성경 저자들이 이 인물과 관련된 예언이 예수님에게서 성취되었다고 보았다는 데는 논쟁의 여지가 없다.

예수님이 회당에서 선언하신 말씀과 세례 요한의 물음에 답하신 말씀에서 보듯이, 예수님이 자신의 사역을 이사야의 예언에 비추어 생각하신 것도 분명하다.

이사야서가 신약성경이 가장 자주 인용하는 예언서라는 사실은 우연이 아니다. 신약성경은 이사야의 예언을 단지 예수님의 고난에만 국한해서 인용하지 않고 그분의 사역 전체와 연결 지어 인용한다. 그러나 신약성경 저자들이 고난 받는 종에 관한 이사야의 예언에서 주의를 집중했던 부분은 바로 그리스도의 죽음이었다. 이사야 53장을 보자.

우리가 전한 것을 누가 믿었느냐?

여호와의 팔이 누구에게 나타났느냐?

그는 주 앞에서 자라나기를 연한 순 같고

마른 땅에서 나온 뿌리 같아서

고운 모양도 없고 풍채도 없은즉

우리가 보기에 흠모할 만한 아름다운 것이 없도다.

그는 멸시를 받아 사람들에게 버림받았으며

간고를 많이 겪었으며 질고를 아는 자라.

마치 사람들이 그에게서 얼굴을 가리는 것 같이

멸시를 당하였고 우리도 그를 귀히 여기지 아니하였도다.

그는 실로 우리의 질고를 지고

우리의 슬픔을 당하였거늘

우리는 생각하기를 그는 징벌을 받아 하나님께 맞으며

고난을 당한다 하였노라.

그가 찔림은 우리의 허물 때문이요

그가 상함은 우리의 죄악 때문이라.

그가 징계를 받으므로 우리는 평화를 누리고

그가 채찍에 맞으므로 우리는 나음을 받았도다.

우리는 다 양 같아서 그릇 행하여 각기 제 길로 갔거늘

여호와께서는 우리 모두의 죄악을 그에게 담당시키셨도다.

그가 곤욕을 당하여 괴로울 때에도

그의 입을 열지 아니하였음이여

마치 도수장으로 끌려가는 어린 양과

털 깎는 자 앞에서 잠잠한 양같이 그의 입을 열지 아니하였도다.

그는 곤욕과 심문을 당하고 끌려갔으나

그 세대 중에 누가 생각하기를,

그가 살아 있는 자들의 땅에서 끊어짐은

마땅히 형벌 받을 내 백성의 허물 때문이라 하였으리요?

그는 강포를 행하지 아니하였고

그의 입에 거짓이 없었으나

그의 무덤이 악인들과 함께 있었으며

그가 죽은 후에 부자와 함께 있었도다.

여호와께서 그에게 상함을 받게 하시기를 원하사

질고를 당하게 하셨은즉

그의 영혼을 속건 제물로 드리기에 이르면

그가 씨를 보게 되며 그의 날은 길 것이요

또 그의 손으로 여호와께서 기뻐하시는 뜻을 성취하리로다.

그가 자기 영혼의 수고한 것을 보고 만족하게 여길 것이라.

나의 의로운 종이 자기 지식으로 많은 사람을 의롭게 하며

또 그들의 죄악을 친히 담당하리로다.

그러므로 내가 그에게 존귀한 자와 함께 몫을 받게 하며

강한 자와 함께 탈취한 것을 나누게 하리니,

이는 그가 자기 영혼을 버려 사망에 이르게 하며

범죄자 중 하나로 헤아림을 받았음이니라.

그러나 그가 많은 사람의 죄를 담당하며

범죄자를 위하여 기도하였느니라.

　

이사야 53장을 거듭 연구할수록, 그 내용에 무뎌지는 게 아니라 오히려 점점 더 놀라게 된다. 마치 예수님의 수난을 직접 눈으로 보고 쓴 글 같다.

여기에는 공동체적 결속의 원리와 죄의 전가의 원리가 분명하게 나타난다. 예수님의 고난은 구속에 이르는 길이며, 그 고난의 중심에 예수님이 당하시는 수치가 있다. 메시아는 왕으로 오실 뿐 아니라 백성의 허물 때문에 징계를 받는 종으로 오신다. 여기서 한 사람이 많은 사람을 대신해 죽는다. 예수님의 칭호와 사역을 해석할 때 이러한 측면을 진지하게 다루

지 않는다면 신약성경 본문을 심각하게 훼손하는 셈이다.

이스라엘의 존귀한 왕이라는 개념과 이스라엘의 고난 받는 종이라는 개념이 한 사람에게서 어우러졌는데, 이것은 사도 요한이 밧모섬에서 본 천상의 환상에서도 극적으로 나타난다.

환상 중에 요한은 천상의 휘장 뒤편을 얼핏 보았다. 그에게 천사의 외침이 들렸다. "누가 그 두루마리를 펴며 그 인을 떼기에 합당하냐?" 계5:2. 요한은 침울한 마음으로 천사들이 그 일을 하기에 합당한 자를 찾지 못했다고 기록한다. 요한의 실망은 슬픔으로 변했다. "그 두루마리를 펴거나 보거나 하기에 합당한 자가 보이지 아니하기로 내가 크게 울었더니" 계5:4. 그때, 한 장로가 그를 위로하며 말했다. "울지 말라. 유대지파의 사자Lion 다윗의 뿌리가 이겼으니, 그 두루마리와 그 일곱 인을 떼시리라" 계5:5.

부정적인 분위기가 순식간에 바뀌고, 고조된 기대감이 절망감을 대신한다. 요한은 승리의 사자가 나오길 기다린다. 그러나 사자가 아니라 죽임 당한 어린 양이 장로들 가운데 서는 광경이 눈앞에 펼쳐질 때, 역설은 절정에 이른다.

요한은 어린 양이 보좌에 앉으신 이의 오른 손에서 두루마리를 받았고, 무수한 천사들이 이렇게 노래했다고 기록한다. "죽임을 당하신 어린 양은 능력과 부와 지혜와 힘과 존귀와 영광과 찬송을 받으시기에 합당하도다" 계 5:12. 사자와 어린 양은 하나이며 동일 인물이다. 종이 왕 노릇하신다.

인자 人子

5세기 칼케돈 공의회에서 교회는 예수님의 완전한 인성 人性과 완전한 신성 神性을 동시에 담아낼 공식 표현을 모색했다. 교회가 AD 451년에 찾아낸 표현은 "베레 호모, 베레 데우스" vere homo, vere Deus였다. 이 표현은 예수님이 참 사람이요 참 하나님이라는 뜻이며, 예수님의 두 본성에 모두 주목하고 있다.

신약성경에서 예수님은 인자 人子라고도 불리고 하나님의 아들이라고도 불리신다. 두 칭호를 볼 때 '하나님의 아들'은 전적으로 예수님의 신성을 가리키고 '인자' 사람의 아들는 전적으로 그분의 인성을 가리킨다고 생각하려는 유혹을 강하게 느낀다. 그러나 두 칭호를 이렇게 이해한다면 매우 심각한 오류에 빠진다.

인자라는 칭호는 흥미로운 점이 있다. 인자라는 칭호는 대부분 예수님이 자신을 가리켜 사용하신다. 인자는 신약성경에 84회 나오며, 그 가운데 81회는 4복음서에 나온다. 인자라는 칭호는 신약성경에서 예수님에게 사용된 빈도로 보면 세 번째이지만, 예수님이 자신에게 직접 사용하신 빈도로 보면 첫 번째이다. 인자는 예수님이 자신에게 가장 즐겨 사용하신 칭호가 분명하다.

이것은 성경저자들이 자신들은 거의 사용하지 않는 예수님의 칭호를 성실하게 보존했다는 증거다. 그들은 자신이 좋아하는 칭호들을 예수님의 입에 올리고 싶은 유혹을 틀림없이 느꼈을 것이다.

요즘은 성경이 그려내는 예수님의 초상화는 역사적 예수에 대한 정확한 묘사가 아니라 초대교회의 창작물에 지나지 않는다는 주장이 만연하다. 하지만 만약 그랬다면 초대교회가 예수님을 묘사하면서 자신들이 거의 사용하지 않은 칭호를 예수님의 입에 올렸을 가능성은 지극히 희박하다.

왜 예수님은 스스로 인자라는 칭호를 사용하셨을까? 어떤 사람들은 겸손 때문이었다고 추정한다. 예수님이 자신을 비천한 인간과 동일시하는 겸허한 수단으로 더 고상한 칭호들을 제쳐두고 인자라는 칭호를 선택하셨다는 것이다. 인자라는 칭호는 분명히 이러한 동일시의 의미를 내포한다.

그러나 인자라는 칭호는 구약성경에도 나타나고, 구약성경에서 인자의 역할은 결코 비천하지도 않다. 인자는 다니엘서와 에스겔서뿐 아니라 성경 밖의 랍비 유대교 문헌에도 나온다. 많은 학자들이 예수님께서 다니엘의 환상에 나오는 '인자'에 내포된 의미를 취하여 사용하셨다는 견해를 낸다.

다니엘서에서 인자는 천상의 환상에서 등장한다. 인자는 "옛적부터 항상 계신 이"의 보좌 앞에 서는데, 인자는 이렇게 묘사된다. "그인자에게 권세와 영광과 나라를 주고 모든 백성과 나라들과 다른 언어를 말하는 모든 자들이 그를 섬기게 하였으니 그의 권세는 소멸되지 아니하는 영원한 권세요 그의 나라는 멸망하지 아니할 것이니라"단 7:14. 여기서 인자는 천상의 존재이며, 가장 높은 심판자 역할을 수행하러 지상에 내려올 초월적 인물이다.

신약성경에서 예수님의 선재先在와 관련된 증언은 인자 모티프와 불가분의 관계다. 인자는 아버지로부터 보냄을 받는다. 그리스도의 내려오심 강림은 올라가심 승천의 토대다. "하늘에서 내려온 자, 곧 인자 외에는 하늘에 올라간 자가 없느니라" 요 3:13.

신약성경 저자들이 예수님을 천상의 존재로 고백했다는 말로는 부족하다. 예수님은 천상의 존재 그 이상이셨다. 천사들은 천상의 존재이나 예수님과 다르다. 예수님은 오직 신에게 사용되는 용어로 묘사되었다.

다니엘이 보았던 "옛적부터 항상 계신 이"의 환상에 대한 생생한 묘사와 요한계시록에 나온 인자에 대한 요한의 묘사를 비교해보면 재밌다. 다니엘은 옛적부터 항상 계신 이를 이렇게 묘사한다.

내가 보니 왕좌가 놓이고
옛적부터 항상 계신 이가 좌정하셨는데
그의 옷은 희기가 눈 같고
그의 머리털은 깨끗한 양의 털 같고

그의 보좌는 불꽃이요

그의 바퀴는 타오르는 불이며

불이 강처럼 흘러 그의 앞에서 나오며

그를 섬기는 자는 천천이요

그 앞에서 모셔 선 자는 만만이며

심판을 베푸는데

책들이 펴 놓였더라 단 7:9-10.

요한은 높이 들린 인자를 이렇게 묘사한다.

몸을 돌이켜 나에게 말한 음성을 알아보려고 돌이킬 때에 일곱 금 촛대를 보았는데, 촛대 사이에 인자 같은 이가 발에 끌리는 옷을 입고, 가슴에 금띠를 띠고, 그의 머리와 털의 희기가 흰 양털 같고 눈 같으며, 그의 눈은 불꽃 같고, 그의 발은 풀무불에 단련한 빛난 주석 같고, 그의 음성은 많은 물소리와 같으며, 그의 오른손에 일곱 별이 있고, 그의 입에서 좌우에 날선 검이 나오고, 그 얼굴은 해가 힘 있게 비치는 것 같더라……. 내가 또 보고 들으매, 보좌와 생물들과 장로들을 둘러 선 많은 천사의 음성이 있으니, 그 수가 만만이요 천천이라. 큰 음성으로 이르되, 죽임을 당하신 어린 양은 능력과 부와 지혜와 힘과 존귀와 영광과 찬송을 받으시기에 합당하도다 하더라 계 1:12-16; 5:11-12.

인자가 영광과 능력을 지닌 분이라는 점을 놓치지 말아야 한다. 인자의 신성은 구약성경의 묘사뿐 아니라 예수님의 자기 이해에서도 나타난다. 예수님은 "인자는 안식일에도 주인이니라"라고 말씀하시면서 인자와 창조를 연결하셨다 막 2:28. 안식일의 주인이라는 주장은 창조의 주인이라는 주장이다. 안식일은 단지 시내산 율법의 일부가 아니라 창조의 주인께서 주신 창조 규례이기도 했다.

예수님은 이렇게도 말씀하셨다. "인자가 땅에서 죄를 사하는 권세가 있는 줄을 너희로 알게 하리라" 눅 5:24. 여기서 예수님은 오직 하나님의 특권으로 여겼던 권세가 자신에게도 있다고 주장하셨다. 유대인들이 이러한 주장에 담긴 뜻을 놓칠 리 없었다. 유대인들은 예수님을 죽이려 했다. 이유는 분명했다. 예수가 자신이 하나님이라고 분명하게 주장했기 때문이었다. 인자가 세상을 심판하러 하늘에서 내려왔다. 그가 장차 양과 염소를 구분한다. 그가 마지막 때에 영광의 구름을 타고 다시 온다.

그러나 하늘에서 내려오는 인자는 신성만 갖는 게 아니라 성육신을 통해 우리의 인성도 함께 갖는다. 예수님을 둘째 아담으로 보는 바울의 개념은 인자 모티프를 정교하게 다듬은 것이다.

다윗의 자손, 고난 받는 종, 인자는 세 가락의 메시아 대망에서 나온 예수님의 칭호다. 신약성경에는 이 외에도 예수님의 칭호가 많다. 이제 그 중에서 몇몇을 좀 더 자세히 살펴보자.

주 Lord

앞서 보았듯이, 그리스도는 신약성경에서 가장 자주 사용되는 예수님의 칭호다. 그 다음으로 자주 사용되는 예수님의 칭호는 주Lord이다. 이 칭호는 성경이 말하는 예수님을 이해하는 데 더없이 중요했기에 최초의 신앙고백, 곧 "예수는 주시다" Jesus is Lord라는 간단한 고백의 핵심이 되었다. 주는 예수님에게 부여된 가장 고귀한 칭호다.

그런데 미국같이 왕정을 강하게 반대하는 문화에서 사는 사람들은 하나님 나라와 주님의 주권 개념을 어떻게 이해할 수 있을까라는 의문이 든다. 주권이 어느 한 개인에게 있다는 개념은 미국 전통과 전혀 어울리지 않는다. 그러나 신약성경은 예수님의 주님되심 lordship을 분명하게 주장하며, 절대적이고 주권적인 권위와 왕의 권한이 그분께 주어졌다고 확고하게 주장한다.

헬라어 단어 퀴리오스 kurios는 신약성경에 나오는 주 lord라는 단어의 동의어다. 퀴리오스는 고대세계에서 여러 의미로 사용되었다. 가장 일반적인 쓰임으로 퀴리오스는 예의를 갖춰 상대를 부를 때 붙이는 존칭 sir이었다. sir라는 영어 단어처럼 퀴리오스라는 헬라어 단어도 일반적 의미와 특별한 의미로 사용되었다. 영국에서는 기사 작위를 받은 사람들에게 sir~경이라는 존칭을 붙이는데, 이 경우 이 단어는 일반적 쓰임새를 넘어서서 격식을 갖춘 정중한 존칭으로 사용된다.

퀴리오스는 헬라문화에서 노예를 소유한 귀족 계층의 남

자를 가리키는 칭호로도 사용되었다. 이 칭호는 신약성경 전체에서 예수님에게 상징적으로 사용되었는데, 제자들은 예수님을 "주인님"Master이라 불렀다.

바울은 빈번하게 "예수 그리스도의 종slave 바울"이라는 말로 편지를 시작했다. 이때 바울이 사용한 단어는 둘로스doulos였다. 주인kurios이 없으면 종doulos도 없었다. 바울은 "너희는 너희 자신의 것이 아니라. 값으로 산 것이 되었으니"고전 6:19-20라고 외쳤다. 여기서 바울은 신자를 예수님의 소유로 본다. 예수님은 자기 백성의 주인이다. 그러나 예수님은 세상의 노예-주인 관계에서 예상되는 폭군이나 전제군주가 아니다.

신약성경이 말하는 그리스도의 주님되심lordship은 역설을 내포한다. 우리는 그리스도의 종이 될 때에야 진정한 자유를 누린다. 신약성경은 우리가 예수님과 노예-주인 관계에 들어가야 세상의 속박에서 벗어난다고 가르치면서 이러한 역설을 한층 강화한다. 이렇게 비트는 방식의 가르침은 특히 사도 바울의 글에서 잘 나타난다.

퀴리오스의 세 번째 쓰임새가 가장 중요한데, 퀴리오스는 특별히 황제의 칭호로 사용되었다. 여기서 퀴리오스는 한 집단의 사람들을 절대적 권한으로 다스리는 자에게 부여된 칭호였다. 이러한 쓰임새는 대개 정치적 의미로 이해되었다.

주라는 칭호의 가장 놀라운 면은 이 칭호와 구약성경의 관계였다. 히브리어로 기록된 구약성경을 헬라어로 번역하면서, 하나님에게 사용되는 아도나이adonai라는 히브리어 단어를 퀴리오스라고 옮겼다. 유대인들은 예배 의식 때 하나님의 거룩한 이름 여호와를 발음하지 않고 다른 단어로 대신했다. 감히 입에 담지 못할 하나님의 이름을 대신할 단어로 대개 아도나이를 선택했는데, 아도나이는 세상에 대한 하나님의 절대적 통치를 강조하는 칭호였다.

많은 영어 성경이 여호와와 아도나이를 번역하면서 글자 형태를 다르게 하기는 했으나 둘 다 Lord라고 옮겼다. 여호와를 번역할 때는 일반적으로 첫 글자는 큰 대문자로 그 다음 글자들은 작은 대문자로 표시했다: "LORD." 그런가하면 아도나이라는 히브리어 단어를 번역할 때는 "Lord"라고 표시했다.

예를 들면 시편 8편은 이렇게 시작한다. "여호와 우리 주여O LORD, our Lord 주의your 이름이 온 땅에 어찌 그리 아름다운지요!" 히브리어를 그대로 두면 이렇게 된다. "오 여호와 우리 아도나이여, 당신의 이름이……" 여기서 여호와는 하나님의 이름이며, 아도나이는 칭호다.

시편 110편은 신약성경이 자주 인용하는 구약성경의 한 부분이다. 시편 110편은 아주 이상한 점이 있다. 시편 110편은 이렇게 노래한다. "여호와LORD께서 내 주Lord에게 말씀하시기를, 내가 네 원수들로 네 발판이 되게 하기까지 너는 내 오른쪽에 앉아 있으라 하셨도다." 여호와께서 아도나이에게 말씀하신다. 여기서 아도나이는 다윗의 주Lord이며 하나님 오른편에 앉아 계신다.

신약성경에서 예수님은 하늘에 오르사 하나님 오른편에 앉아 계시며, 주Lord라는 칭호를 받으신다. 이 칭호는 "모든 이름 위에 뛰어난" 이름이며 승천하신 예수님께 부여된다. 예수님은 하나님 오른편에 앉음으로써 하늘과 땅의 모든 권세를 거머쥔 우주적 권세의 자리에 등극하시고, 이전에 아버지 하나님에게만 사용되었던 아도나이라는 칭호를 받으신다. 이 칭호의 존귀성은 이러한 맥락뿐 아니라 이 칭호의 최

상급 형태에서도 확인된다. 예수님을 "만주의 주" Lord of lords 라 부를 때, 이것이 무엇을 의미하는지는 너무나 분명하다.

교회 church라는 단어가 주 Lord라는 단어에서 파생할 만큼 주라는 칭호는 신약성경에서 기독교 공동체 생활의 핵심이었다. church라는 영어 단어는 교회를 의미하는 여러 언어의 단어와 발음 및 형태가 비슷하다. 교회는 스코틀랜드어로 키르크 kirk, 네덜란드어로 케르크 kerk, 독일어로 키르케 kirche인데, 모든 같은 뿌리에서 나왔다. 그 뿌리는 바로 퀴리아케 kuriache라는 헬라어 단어인데, "퀴리오스에 속한 자들"이라는 뜻이다.

신약성경의 다음 구절은 우리를 당혹스럽게 한다. "성령으로 아니하고는 누구든지 예수를 주시라 할 수 없느니라" 고전 12:3. 어떤 사람들은 예수님이 빈말로 without meaning it 그분을 주님이라고 고백하는 사람들이 있다고 하셨으므로 이 구절은 모순이라고 지적했다. 예수님은 산상설교를 끝맺으면서 엄하게 경고하신다. "그날에 많은 사람이 나더러 이르되, 주여, 주여…… 하리니, 그 때에 내가 그들에게 밝히 말하되, 내가 너희를 도무지 알지 못하니…… 내게서 떠나가라

하리라" 마 7:22-23.

마음은 그리스도에게서 멀어져 있는데도 입술로 그분을 높이는 게 분명히 가능하고 사람들이 빈말로 "예수는 주시다"라고 고백하는 것도 가능하다면 "성령으로 아니하고는 누구든지 예수를 주시라 할 수 없느니라"라는 말씀은 무슨 뜻인가?

우리는 이 물음에 두 가지 방법으로 답할 수 있다. 첫째, 본문이 암시는 하지만 직접 표현하지는 않는 부분을 말하면 된다. 다시 말해, 성령으로 아니하고는 누구든지 '예수는 주시다'라고 '진심으로' mean it 고백하지 못한다. 이것은 견실한 신학이다. 말로 표현되지 않은 수식어를 채워 넣어도 문학적으로 아무런 문제가 없다.

그러나 여기에는 보다 구체적인 의미가 숨어 있을 듯하다. 본문이 기록된 당시에, 그리스도인들은 로마제국의 적으로 여겨졌고, 황제숭배를 거부했기 때문에 반역죄인 취급을 받았다. 로마제국에 대한 충성심을 시험하는 방법은 간단했다. 사람들 앞에서 "카이제르 퀴리오스"Kaiser kurios, "황제가 주시다"라고 공개적으로 말하게 했다. 그러나 그리스도인들은 목숨을 내놓으면서까지 이렇게 고백하길 거부했다. 그리스도인들은 이렇게 고백하라는 명령에 도리어 "이에수스 호 퀴리오스"Iesous ho Kurios, "예수는 주시다"라고 고백했다.

그리스도인들은 기꺼이 세금을 납부했고, 황제에게 합당한 경의도 표했으며, 황제의 것을 황제에게 바쳤다. 그러나 주라는 고귀한 칭호를 오직 예수님에게만 돌렸고, 이를 위해 목숨까지도 기꺼이 내놓았다.

그러므로 성경에 기록된 "성령으로 아니하고는 누구든지 예수를 주시라 할 수 없느니라"라는 말씀은, 당시에 사람들이 결과를 감당할 준비가 되어 있지 않으면 공개적으로 이러한 담대한 고백을 선뜻 하지 못했다는 사실을 가리키는 것으로 볼 수 있다.

하나님의 아들

신약성경에는 하늘에서 하나님의 음성이 들리는 경우가 몇 차례 나온다. 하나님은 하늘에서 말씀하실 때면 대개 깜짝 놀랄 일을 선포하셨다. 하나님은 예수 그리스도가 자신의 아들이라고 열렬히 선포하셨다. 예수님이 세례를 받으실 때, 하늘이 열리고 하나님의 음성이 들렸다. "이는 내 사랑하는 아들이요 내 기뻐하는 자라" 마 3:17. 다른 곳에서 아버지께서는 이렇게 선포하셨다. "이는 내 사랑하는 아들이니 너희는 그의 말을 들으라" 막 9:7. 이처럼 하나님이 예수님에게 부여한 칭호는 '하나님의 아들'이었다.

하나님의 아들이라는 칭호는 교회 역사에서 숱한 논쟁을 불러 일으켰다. 특히 4세기에, 아리우스를 추종하는 아리우스주의는 예수는 피조물이라고 주장하면서 삼위일체를 부정했다.

아리우스는 예수님을 "모든 피조물보다 먼저 나신 이" 골 1:15, "아버지의 독생자" the only begotten, 요 1:14라고 말하는 구절을 근거로 예수님은 시작이 있고 따라서 피조물이라고 주장했다. 아리우스가 생각하기에, 예수님이 태어났다면 begotten 영원하지 않다는 뜻이며, 영원하지 않다면 피조물이란 뜻이었다.

따라서 그가 보기에, 신성을 예수님에게 돌리는 행위는 피조물을 섬기는 우상숭배이므로 신성모독죄에 해당했다. 똑

같은 논쟁이 지금 그리스도인과 몰몬교도 및 여호와의 증인 간에도 벌어진다. 몰몬교도와 여호와의 증인은 하나같이 예수님이 천사를 비롯해 다른 피조물보다 고귀한 존재라고 인정하지만 그분의 완전한 신성은 부정한다.

이러한 논쟁을 해결하기 위해 니케아에서 대규모 종교회의가 열렸다. 니케아 신조는 아리우스주의의 도전에 맞서 흥미로운 해답을 제시한다. 그 해답은 예수님이 "태어나셨으나 지음을 받지는 않으셨다"begotten, not made는 선언이었다.

헬라인들에게, 이러한 선언은 그 자체로 모순이었다. 일반적으로, 태어났다begotten는 말은 시작을 암시한다. 그러나 태어났다는 말이 예수님에게 적용되면, 예수님이 다른 모든 피조물과는 다른 방식으로 태어나셨다는 특별한 의미를 띤다.

예수님은 아버지의 모노게네스monogenes, 즉 '독생자'라 불린다. 이 말은 예수님, 오직 예수님만 아버지에게서 나셨다는 뜻이다. 교회는 바로 이런 뜻으로 예수님이 영원 전에 나셨다eternally begotten고 했으며, 예수님은 태어나셨으나 지음을 받지는 않으셨다고 했다.

이러한 예수님의 특별하심은 그분이 영원한 존재라는 사

실뿐 아니라 그분의 아들됨sonship을 말할 때면 그분과 아버지 사이의 친밀감을 나타내는 묘사가 동반된다는 사실에서도 나타난다. 신약성경에서 아들됨은 순종을 상징한다는 데 우선적인 의미가 있다. 따라서 성경에서, 하나님의 아들이라는 말은 하나님의 뜻에 복종하는 특별한 관계에 있다는 뜻이다. 마찬가지로 장자의 모티프는 생물학보다 탁월함과 더 깊은 관련이 있다. 태어났다는 용어는 헬라어 단어지만 유대적 의미를 내포한다. 니케아 공의회는 비합리적 결정을 내린 게 아니라 "태어나셨으나 지음을 받지는 않으셨다"는 이상하게 들리는 표현을 사용함으로써 성경에 충실했다.

로고스

로고스는 신약성경에서 예수님에게 드물게 사용되는 칭호다. 이 칭호는 요한복음 시작 부분에서 두드러지게 나타난다. "태초에 말씀로고스이 계시니라. 이 말씀이 하나님과 함께 계셨으니 이 말씀은 곧 하나님이시니라"요 1:1.

로고스는 드물게 사용되는 칭호였는데도 교회 역사가 시

작되고 3~4세기 동안 교회가 기독론 신학을 정립하는 데 결정적인 역할을 했다. 다시 말해, 교회 신학자들은 로고스 개념을 중심으로 예수님에 관한 교리 기독론를 펼쳤다. 알렉산드리아, 안디옥, 동방과 서방의 위대한 지성들이 로고스라는 칭호의 의미를 연구하는 데 몰두했다.

여기에는 중요한 몇 가지 이유가 있었다. 로고스라는 칭호는 그 자체가 다른 어느 칭호보다 깊은 철학적, 신학적 사색을 불러일으킨다. 이유는 분명하다. 로고스라는 단어가 이미 헬라 철학을 배경으로 의미가 가득한 용어였기 때문이다.

앞서 살펴본 다른 칭호들처럼, 로고스도 일반적 의미와 특별한 의미를 내포한다. 일반적으로 로고스는 '말, 생각, 개념' word, thought, concept을 의미한다. 영어성경들은 대개 로고스를 '말씀' word으로 옮겼다.

그러나 요한복음 시작 부분에서, 로고스는 고상한 의미를 지닌다. 논리 logic라는 단어가 로고스에서 유래했으며, 흔히 학과목이나 학문 분야를 가리키는 단어 뒤에 붙는 -학學, -logy이라는 접미사도 로고스에서 유래했다. 예를 들면, 신학 theology은 "theoslogos", 즉 하나님에 관한 말이나 개념이라는 뜻이다. 생물학biology은 "bioslogos", 즉 생명에 관한 말이나 개념이라는 뜻이다.

기독교 철학자 고든 클락Gordon H. Clark은 요한복음 첫 부분을 이렇게 해석해도 좋다라고 했다. "태초에 논리가 있었다. 논리가 하나님과 함께 있었으니 논리는…… 논리가 육신이 되어……."

이런 해석은 영원하신 그리스도를 하나의 합리적 원리로 끌어내리는 것처럼 보이기 때문에 그리스도인들의 분노를 자아낼지도 모른다. 그러나 클락이 염두에 둔 것은 어리석은 합리주의가 아니었다. 그는 단지 하나님 안에 일치성과 일관성과 통일성과 균형성이 있으며, 이것들을 통해 세상 만물이 하나님의 통치 아래 조화를 이룬다고 말했을 따름이다.

하나님은 자기 존재에서 비롯되는 이러한 일치성의 원리를 말씀으로 표현하신다. 그러기에 하나님의 말씀은 일치되고 일관되며 균형을 이룬다. 그리스도는 하나님 안에 있는 영원한 로고스와 일치하며, 그 로고스가 창조세계에 질서와 조화를 부여한다.

이러한 일치성의 원리가 요한의 기독교화된 로고스관과

고대 헬라철학의 로고스 개념을 연결하는 고리다. 고대 헬라인들은 우주의 궁극적 의미를 찾고, 만물을 구성하는 물질을 찾기에 몰두했다. 이들은 피조물의 엄청난 다양성을 인식했으며, 이 모두에 의미를 주는 통일성을 탐구했다.

헬라의 예술가들뿐 아니라 당시의 사상가들도 혼돈과 혼란을 싫어했다. 이들은 삶을 통일된 방식으로 이해하려 했다. 따라서 신약성경이 기록되기 이전에 나타난 많은 철학 이론에서 로고스라는 헬라어 단어는 중요한 개념이었다.

예를 들어, 초기 헬라철학자였으며 현대 실존주의의 수호성자로 추앙받는 헤라클레이토스 Heraclitus를 생각해보자. 헤라클레이토스는 만물은 변하며, 만물은 궁극적으로 불의 한 형태라는 이론을 제시했다. 그러나 헤라클레이토스는 만물의 근원과 뿌리에 대한 설명이 필요했으며, 추상적인 로고스 이론으로 만물의 근원과 뿌리를 설명했다.

동일한 개념이 스토아 철학에서, 이보다 더 이르게는 소크라테스 이전의 철학에서도 나타난다. 초기 헬라사상에는 자신의 지혜와 주권으로 질서와 조화를 갖춘 세상을 창조한 초월적이며 인격적인 신이라는 개념이 전혀 없었다. 기껏해야, 실재에 질서를 부여하고 실재가 혼란에 빠지지 않게 하는 추상적 원리를 추정할 뿐이었다. 이들은 이러한 추상적 원리를 "누스"nous, "지성, mind"이라는 뜻이다 또는 "로고스"라 불렀다. 이것은 비인격적이고 철학적인 원리로 단지 우주에 분명히 존재하는 질서를 설명하는 데 필요한 추상적 개념일 뿐이었다.

아레오바고Mars Hill에서 바울과 논쟁했던 스토아 철학자들은 모든 개체 속에는 신성의 씨 불seminal fire이 있다고 생각했고, 이 불씨를 로고스 스페르만티코스Logos Spermantikos라 불렀다. 이것은 씨 말seminal word, 곧 번식력을 지닌 말, 생명과 질서와 조화를 낳는 말을 의미했다. "모든 사람에게는 신성의 불씨spark of divinity가 있다." 이러한 개념은 기독교가 아니라 스토아 철학에서 나왔다. 그러나 스토아 철학에서도 로고스는 여전히 비인격적이고 추상적 개념이었다.

복음서가 기록될 무렵, 로고스 개념은 많은 의미를 내포하는 하나의 철학적 범주였다. 사도 요한은 예수님을 비인격적 개념이 아니라 영원한 로고스의 성육신으로 보고 또 그렇게 말함으로써 그 시대 철학자들의 놀이터에 신학적 폭탄을 투

하했다.

요한은 로고스라는 용어를 헬라인들과 같은 방식으로 사용하지는 않았으며, 이 용어에 유대-기독교적 의미를 부여했다. 요한에게 있어, 로고스는 지극히 인격적이었으며, 헬라 사변철학의 로고스와는 전혀 달랐다. 요한에게 로고스는 하나의 원리가 아니라 하나의 인격체였다.

헬라 지성에게 두 번째 걸림돌은 로고스가 육신이 되어야 한다는 것이었다. 고대 헬라인들에게 성육신 개념은 가장 큰 걸림돌이었다. 헬라인들은 영혼과 물질을 이원론적으로 보았기에, 만약 하나님이 실제로 존재한다면, 인간의 육체를 입는다는 것은 생각지도 못할 일이었다. 이들은 물질세계란 본래 불완전하며, 따라서 로고스가 물질세계의 옷을 입는다는 생각은 고전적인 헬라철학에 발을 들여놓은 사람이라면 누구에게나 혐오스러웠다.

사도 요한은 성령의 감동으로 인격적이고 역사적인 그리스도를 보았으며, 그분에게서 초월적인 능력으로 만물을 붙드는 영원한 인격체의 모습을 보았다. 로고스의 성육신 개념은 전우주적인 그리스도의 신성에 어떤 것보다 분명하게 주목한다. 그리스도는 천지를 창조한 로고스다. 그리스도는 우주 뒤에 계신 초월적 능력이다. 그리스도는 만물의 궁극적 실체다.

요한은 로고스가 하나님과 함께 계실 뿐 아니라 로고스가 하나님이라고 했다. 요한복음 1장 2절이야말로 그리스도의 신성을 가장 직접적으로 말하고 가장 분명하게 단언한다. 헬라어 본문을 문자 그대로 옮기면 이렇다. "하나님이 그 말씀이셨다" God was the Word, 영어성경들은 대개 "그 말씀은 하나님이었다 The Word was God"로 옮겼다.

여호와의 증인들과 몰몬교도들은 이 구절을 교묘하게 왜곡하여 빼버리려 했다. 이들의 몇몇 번역을 보면, 본문을 뜯어고쳐 "그 말씀은 하나님과 같았다" The Word was like God로 옮겼다. "하나님이 그 말씀이셨다"는 단순한 구문은 예수님과 하나님이 하나이심을 의미할 따름이다.

몰몬교와 여호와의 증인은 더 나아가 본문에 정관사가 없다는 주장으로 이 구절을 피해가려 한다. 이들은 성경이 "그 말씀은 그 하나님이셨다" The Word was the God라고 말하지 않고 단지 "그 말씀은 하나님이셨다" The Word was God라고 말할 뿐이며 따라서 이 구절은 그리스도의 신성을 확증하지 않는다고 주장한다. 이들의 주장대로라면, 우리에게는 그 말씀이 "한 신" a god이었다는 진술이 남을 뿐이다.

이것이 요한이 전하려 했던 내용이라면, 이러한 주장은 문제를 해결하기는커녕 도리어 문제를 키울 따름이다. 이렇게 되면 요한은 어리석은 다신론을 주장한 꼴이 되고 만다. 성경은 처음부터 끝까지 하나님은 오직 한 분이시라고 말한다. 정관사가 있느냐 없느냐는 이 본문의 신학적 의미에 전혀 영향을 미치지 않는다.

본문 이해에 어려움이 있다면, 그 말씀이 하나님과 함께 with 계실 뿐더러 그 말씀이 곧 하나님이라be고 말한다는 점이다. 여기서 그 말씀은 하나님과 다를 뿐 아니라 하나님과 같다. 이러한 본문들 때문에, 교회는 삼위일체론으로 하나님에 관한 교리를 정립해야 했다. 어떤 의미에서 그리스도가 아버지 하나님과 하나이고, 어떤 의미에서 아버지 하나님과 다른지 알아야 한다. 다르지만 같다는 사상은 신약성경 본문에 유입된 게 아니라 오히려 요한복음 1장 같은 본문이 이러한 구분을 요구한다. 아버지와 아들은 한 존재 one being이지만 하시는 일과 사역뿐 아니라 위격 personality에서 구분된다.

요한복음 1장에서 로고스가 하나님과 '함께' with 계신다는 개념은 매우 중요하다. 헬라어에서 '함께'라고 옮길 수 있는 단어는 셋이다.

첫째는 순sun인데, 영어에서는 접두사 syn-으로 사용된다. 이 접두사는 동시에 일어나다 synchronize, 혼합주의 syncretism, 회당synagogue을 비롯해 여러 단어에서 사용된다. 예를 들면, 회당은 사람들이 함께 모이는 곳이다. sun이 내포하는 의미로 "함께 있다"는 말은 어느 모임에 참석하거나 다른 사람들과 한 데 모인다는 뜻이다. 이것은 사람들의 모임을 가리킨다.

'함께'라고 옮길 수 있는 헬라어 단어 가운데 둘째는 메타meta인데 '곁에 있다' to be alongside는 뜻이다. 우리는 사람들이 서로 곁에 있다고 생각할 때 서로 나란히 서 있다고 생각한다. 내가 어떤 사람과 나란히 길을 걷는다면, meta가 내포하는 의미로 그 사람과 함께 있는 셈이다.

세 번째 헬라어 단어는 프로스pros이다. 프로스는 나머지 두 단어에 비해 드물게 사용되지만 '얼굴'을 뜻하는 프로스

포네 prosepone라는 헬라어 단어의 어근에도 나온다. 이것이 가장 친밀한 형태의 '함께함'이다. 요한은 여기서 로고스가 하나님과 함께 있었다고, 프로스가 내포하는 의미로 하나님과 함께 있었다고 pros God, 다시 말해, 영원히 친밀한 관계 가운데 하나님과 얼굴을 마주하고 있었다고 말한다.

이것은 구약성경의 히브리인들이 하나님과 간절히 갖고 싶어 했던 관계다. 로고스는 이러한 친밀함을, 영원 전부터 아버지와 얼굴을 마주하는 친밀함을 누린다. 아버지와 아들은 존재뿐 아니라 관계에서도 하나다.

요한복음 1장에서 로고스 개념은 다음 구절에서 절정에 이른다. "말씀이 육신이 되어 우리 가운데 거하시매 우리가 그의 영광을 보니 아버지의 독생자의 영광이요 은혜와 진리가 충만하더라" 요 1:14. 여기서 "거하시매" dwelt로 번역된 단어는 문자적으로 "우리 가운데 천막을 치셨다"는 뜻이다.

하나님이 구약성경에서 회막을 통해 이스라엘 백성과 함께 거하셨듯이, 신약성경에서 회막은 육신이 되신 말씀, 곧 하나님의 진리를 체현하는 로고스이다. 로고스는 육신이 되신, 살과 피로 우리와 함께 거하러 오신 하나님의 마음 mind

이다. 로고스가 자신을 나타낼 때, 영광이 드러난다. 그래서 요한은 이렇게 말한다. "그 안에 생명이 있었으니 이 생명은 사람들의 빛이라" 요 1:4.

구주 Savior

이 외에도 주목할 만한 예수님의 칭호들이 있다. 예수님은 랍비이고, 둘째 아담이며, 중보자이다. 그러나 구주救主, Savior 야말로 예수님의 사역을 더할 나위 없이 잘 표현하는 칭호다. 초대교회 신자들은 자신의 신분을 표시하는 암호로 물고기 문양을 사용했다는 사실이 이를 증명한다. 물고기를 뜻하는 헬라어 단어 ixthus의 철자를 풀어쓰면 "예수 그리스도, 하나님의 아들, 구주"이다.

예수는 그분이 태어나기도 전에 하나님이 친히 지어주신 이름이었다. 예수는 "주께서 구원하신다" 또는 "주께서 구원하시는 데 사용하실 자"라는 뜻이다. 따라서 예수라는 이름 자체가 구주라는 개념을 내포한다.

예수님의 칭호들—로고스, 메시아, 인자—모두 사람의 구주가 되실 그분의 자격을 암시한다. 오직 그분만이 죄를 속하고, 사망을 이기며, 인간을 하나님과 화해시킬 자격이 있다.

비로 이 부분에서, 예수님은 우리의 삶에 들어와 위기를 일으키신다. 바로 이 부분에서, 우리는 동떨어진 학문 연구를 뛰어넘어 자신이 한없이 약한 부분으로 들어간다. 우리는 종교와 철학을, 윤리와 정치를 끝없이 논하지만, 마침내 저마다 "내 죄를 어찌할꼬?"라는 자신의 문제와 정면으로 맞닥뜨려야 하다.

나도 죄를 짓고 당신도 죄를 짓는다. 더없이 부정직한 사람이 아니라면 누구라도 인정하는 사실이다. 우리는 너나없이 죄를 짓는다. 우리는 너나없이 서로를 해친다. 우리는 너나없이 하나님의 거룩함을 공격한다. 이처럼 몸서리치는 혼란에 빠진 우리에게 무슨 소망이 있겠는가? 우리는 자기 죄를 부정할 수도 있고, 심지어 하나님의 존재를 부정할 수도 있다. 자신의 삶에 책임이 없다고 소리칠 수도 있다. 회개를 요구하지 않고 누구나 용서하는 하나님을 만들어낼 수도 있다. 이것은 모두 사상누각이다. 구주가 되실 분은 오직 한 분뿐이다. 그분만이 더없이 깊은 우리의 딜레마를 해결하실 수 있다. 오직 그분만이 살리고 죽일 권세가 있다.

 예수님의 칭호들은 그분이 누군지 말해준다. 그러나 예수님의 칭호들은 그분이 행하신 일을 이해하도록 돕는 사전이 되기도 한다. 그분의 인격과 사역이 삶의 드라마에서 만난다. 이제 예수님의 인격과 사역이 인간을 향한 하나님의 구원 계획에서 만나는 사건들을 중심으로 그분의 생애를 살펴보겠다.

Who is Jesus?

Chapter 3 예수님은
어떤 생애를 사셨는가?

예수님의 삶과 사역에 관한 기록은 처음부터 논쟁을 불러일으켰다. 예수님의 잉태에 대해 들려주는 평범치 않은 이야기는 초자연주의를 비판하는 사람들의 격렬한 저항을 불러일으켰다. 이들은 신약성경 첫 페이지부터 가위를 휘두르면서 처음부터 신화적 요소를 없애는 작업을 시작했다.

마태복음 첫 부분에 족보가 이어지고 바로 다음 단락은 이렇게 시작한다. "예수 그리스도의 나심은 이러하니라. 그의 어머니 마리아가 요셉과 약혼하고 동거하기 전에 성령으로 잉태된 것이 나타났더니"마 1:18.

신약성경은 예수님을 둘러싼 기적으로 넘치지만 동정녀 탄생이야말로 현대인의 귀에 가장 거슬리는 기적이다. 절대로 변하지 않고 깨지지 않을 과학 법칙이 있다면, 남성의 정자와 여성의 난자가 결합하지 않고는 인간의 생식이 불가능하다는 법칙일 것이다. 현대과학은 인공수정, '시험관' 시술을 통한 자궁 내 착상 같은 정교한 시술법을 개발했지만 어쨌든 생식 과정이 진행되려면 남성과 여성이 모두 관여해야 한다.

그래서 예수님의 탄생은 침범하지 못할 부분을 침범했고, 불변의 법칙을 깨뜨렸다. 예수님의 탄생은 완전히 '자연을 거스르는 행위'이다. 많은 회의주의자들이 기록의 첫 페이지를 읽기가 무섭게 더는 살펴보려고도 하지 않는다. 이것은 유명한 인물을 중심으로 생겨나는 신화나 전설과 아주 흡사해 보인다.

동정녀 탄생을 부정하는 주장이 많다. 이런 주장은 동정녀 탄생이 헬라어를 사용하는 세계에서 빌려온 신화이며 이교도 신화와 확연히 유사하다는 비난에서부터 오비디우스Ovid의 〈변형, Metamorphosis〉이 '증거물 1호'로 인용된다 동정녀 탄생이 모든 개연성을 부정하며 경험적으로 검증 불가능한 얼토당토않은 사건이라는 과학적인 부정에 이르기까지 다양하다. 어떤 사람들은 필사적인 주석학적 논증을 통해 신약성경이 동정녀 탄생을 가르치지 않는다는 것을 보여주려고 했다.

진짜 문제는 기적이다. 기적은 예수님의 탄생에서 그치지 않고 그분의 삶과 사역과 죽음과 부활과 승천에까지 이어진다. 1차 자료에서, 예수님의 삶이 기술되는 곳이면 어김없이 기적도 함께 기술된다.

'신화적 요소를 제거한' 예수는 성경이 말하는 예수가 아니라 성경의 주장을 받아들이지 못하는 자들이 만들어낸 예수다. 이런 예수야말로 가장 신화적인 예수이며, 미리 만들어 둔 불신앙의 틀에 끼워 맞춘 예수이다.

기적의 문제 뒤에는 창조주 하나님의 실재에 대한 생각들이 있다. 마태복음에 나오는 예수님의 수태 기사는 동정녀 수태뿐 아니라 수태 자체에 관한 문제를 야기시킨다. 창조는 특별한 사건 가운데 가장 특별한 사건이다. 재료도 수단도 없이, 오직 말 한마디로 무에서 우주를 창조할 능력이 있는 하나님이 여성의 자궁에서 난자를 초자연적으로 수정시켜 아기가 태어나게 하신다는 것은 그렇게 놀랄 일이 아니다.

많은 신학자들이 전자는 인정하면서 후자는 부정하는 비논리를 보인다. 이들은 전체의 초자연적 탄생은 받아들이면서도 한 부분인 동정녀 탄생은 부정한다.

안타까운 마음으로 이들에게 묻지 않을 수 없다. 애당초 하나님을 믿기는 하는 건가? 아니면 더 큰 불신앙을 숨기는 가림막으로, 단지 사회적 관습인 창조주에 대한 믿음을 신봉하는 건 아닌가?

확실한 인과법칙

인과법칙이야말로 가장 확실한 자연법칙이다. 결과가 있으려면 원인이 있어야 한다. 우주가 결과라면, 그 결과를 충족시키는 원인이 있어야 한다. 원인은 결과보다 커야 한다. 절대로 작아서는 안 된다. 선입견의 요구로 인과법칙을 폐기하려 했던 무분별한 사상가들이 더러 있기는 했으나 그래도 현대과학은 인과법칙을 폐기하지 않았다.

인과법칙을 부정하는 또 다른 방법은 무無로부터 그 무엇이 나온다고 말하는 것이다. 아무런 원인이 없다. 질료인 material cause도 없고, 작용인 efficient cause도 없으며, 충족인 sufficient cause도 없고, 형상인 formal cause도 없고, 목적인 final cause도 없다. 이런 이론은 과학이 아니라 마술이다. 아니, 마술도 못된다. 마술은 마술사가 있어야 한다. 아무것도 무로부터 나오지 않는다 ex nihilo nihil fit는 법칙은 여전히 난공불락이다.

그런데 기독교는 우주가 무로부터 나왔다고 주장하지 않는가? 우리는 '무'로부터의 창조를 주장한다. 그러나 우리가 말하는 '무'는 질료인이 없다는 뜻이다. 우주 창조를 위한 작용인은 있다. 창조 능력을 지니신 하나님이 있다. 하나님 속에 존재 능력 power of being이 있다.

이런 주장은 허무맹랑하지도 않고 기독교의 독단적 주장도 아니다. 이것은 과학과 이성의 진술이다. 그 무엇이 존재한다면 그것은 본질적으로 존재 능력이 있다. 그것은 어딘가에, 어떻게든 존재 능력이 틀림없이 있다. 그렇지 않다면 우리에게 선택은 둘뿐이다. (1) 존재가 무로부터 나온다. (2) 무가 존재한다 모순이다. 이 둘이 가능하다면, 이것들은 기적보다 더 큰 기적이다.

어떤 사람들은 우주 자체나 아직 발견되지 않은 우주의 한 부분이 존재의 영원한 근원이라고 주장함으로써 딜레마에서 벗어나려 한다. 이들은 현존재를 설명하는 데 초자연적이거나 초월적인 존재가 필요하지 않다고 말함으로써 현존하는 세계를 설명하려 한다. 이런 식으로 주장한다면 심각한 언어혼란에 빠지게 된다.

우주는 날마다 결과를 낳는다. 자연은 변한다. 초자연과 초월의 의미 자체가 존재에 관한 물음과 연결된다. 어느 존재가 초월적이라고 말하는 까닭은 그 존재가 공간적으로나 지리적으로 화성 저편에 있기 때문이 아니라 그 존재 속에 특별한 존재 능력, 즉 '더 높은 존재 질서'가 있기 때문이다.

정확히 정의하자면 '자신 속에 존재 능력이 있는 존재'이다. 그 존재가 어디에 있는지, 그 존재가 무엇인지는 핵심이 아니다. 나는 그 존재가 내 안에 있지 않음을 안다. 나는 그 존재가 아니다. 나의 존재 자체가 그 존재에 의존한다. 그 존재가 없으면 나는 무로 돌아가고 만다.

나는 내가 결과이고, 나의 어머니도 결과이며, 나의 어머니의 어머니도 결과라는 사실을 안다. 이 문제는 아무리 거슬러 올라가도 끝이 없다. 현대인이 스스로 존재하시는 하나님 없이도 존재하는 세상을 가질 수 있다고 생각할 때, 하루살이는 걸러내고 낙타는 삼키는 꼴이다.

동정녀 탄생의 문제는 철학의 문제라기보다 역사의 문제다. 우리가 하나님이라 부르는 분이 존재 능력, 즉 주권적인 '작용인'과 '충족인'의 능력이 있다면, 동정녀 탄생이 불가능하다는 이유로 동정녀 탄생을 부정하는 것은 합리적이지 않다.

진짜 문제는 동정녀 탄생이 가능했다could가 아니라 실제로 일어났다did이다. 그러므로 이것은 역사의 문제가 되며, 우리를 다시금 역사 자료로 몰아간다. 우리는 이 자료의 신뢰성을 근거로 이 자료를 받아들이거나 거부해야 한다. 그러나 철학적 선입견으로 이 자료의 신뢰성을 미리 판단해서는 안 된다.

이 장의 우선 목적은 이런 역사 자료의 진실성을 평가하는 게 아니라 그러려면 별도의 작업이 필요하다 우리가 가진 하나뿐인 역사적 예수의 초상을 살펴보기 위해 그 내용을 훑어보는 것이다.

예수님의 탄생

마태는 진지하고 담대한 선언으로 시작한다. "예수 그리스도의 나심은 이러하니라"마 1:18. 마태는 무슨 일이 일어났는지 우리에게 들려줄 뿐 아니라 그 일이 어떻게 일어났는지도 들려주려 한다.

마태는 예수님의 탄생에서 아주 특별한 점에 초점을 집중한다. 그는 깜짝 놀란 요셉의 고뇌를 포착한다. 요셉은 단순한 사람이었고, 우리시대의 정교한 기술일랑 아예 알지도 못했다. 요셉은 체외 수정에 관해서는 전혀 문외한이었고 처녀생식에 관한 논쟁도 알지 못했다. 요셉은 우리시대의 중학생쯤이면 다들 아는 생물학의 간단한 원리조차 알지 못했다.

그는 과학 이전의 시대, 과학 이전의 사회에 살았다. 하지만 요셉은 능숙한 생물학도는 아니어도 황새가 아기를 물어다주지 않는다는 것쯤은 알았다. 우리는 동정녀 탄생이 21세기와 마찬가지로 1세기에도 받아들이기 힘든 일이었음을 기억해야 한다.

요셉은 상처받기 더없이 쉬운 처지였다. 요셉은 간음을 가

증스럽게 여겼던 사회에서 살고 있었고 마리아의 순결을 믿었다. 그런데 약혼녀가 찾아와 청천벽력 같은 소식을 전한다. "요셉, 저 임신했어요." 마리아는 자초지종을 요셉에게 설명한다. 천사가 찾아와 말하기를 자신이 성령으로 잉태하게 되리라고 했다는 게 아닌가!

요셉은 흥분을 자제하고 침착하게 "드러내지 아니하고 가만히 끊고자" 했다. 요셉은 악다구니를 하거나 불같이 화를 내지 않았다. 요셉은 마리아가 돌팔매질을 당하도록 하지 않았고, 도리어 마리아를 그녀의 망상이 빚어내는 결과로부터 보호할 방도를 궁리하기 시작했다.

성경 본문을 볼 때, 요셉은 처음에 동정녀 탄생을 전혀 믿지 않았던 게 분명하다. 천사가 나타나 그가 그 '망상'을 믿게 할 때까지 그랬다. 다른 방법은 소용없었을 것이다. 기적적인 증거가 없고서야 그런 황당한 이야기를 믿을 남자가 어디 있겠는가?

예수님의 잉태에서 탄생에 이르는 길은, 사가랴와 엘리사벳과 마리아와 요셉에서 베들레헴 밖의 목자들에게 이르는 길은 천사들로 둘러싸였다. 천사들은 순간마다 나타나 이 사건을 초자연적 특징으로 흠뻑 적셨다.

천사들이 활동하는 장면이 나올 때마다 비평학자는 가위로 도려내기에 바쁘다. 천사들이 예수님의 탄생과 시험과 부활과 승천에서 빠지지 않고 나타나는데, 이런 장면을 다 도려내려면 전기칼이 필요하겠다.

신약성경에서 천사라는 단어는 죄라는 단어보다 자주 나온다. 사랑이라는 단어보다도 자주 나온다. 천사라는 단어가 나올 때마다 가위질한다면, 성경 '비평'이 아니라 성경 '파괴'이다.

예수님의 삶과 연관된 거룩한 장소는 날마다 순례자들로 붐빈다. 순례자들은 비아 돌로로사 Via Dolorosa, 예수님이 십자가를 지고 가신 길를 따라 걷는다. 이들은 실제로 골고다가 어디이고, 동산의 무덤이 어디인지를 두고 설전을 벌인다. 예수님이 산상설교를 하신 산이 여기다 저기다 말들이 많다.

그러나 하나님의 영광이 무지렁이 목자들에게 나타났고 천사들이 흙먼지를 밟았던 베들레헴 밖 들판이 어디냐에 대해서는 이견이 없다. 광채가 이글대는 장관에, 목자들은 '가서 보라'는 명령에 순종해 베들레헴으로 달려갔다.

예수님의 세례

예수님은 요단강에서 세례 요한에게 세례를 받으면서 공식 사역을 시작하셨다. 세례는 오늘 우리에게는 아주 흔하고, 가장 확고히 뿌리를 내린 기독교의 의식에 속한다. 21세기 그리스도인들은 예수님이 세례를 받으셨다는 사실에 놀라지 않으며, 세례 요한의 사역에도 그다지 흥분하지 않는다. 그러나 1세기 유대인들의 눈에 세례 요한의 행동은 급진적이기 이를 데 없었다.

신약성경의 가르침에 비춰볼 때, 오늘의 그리스도인들은 세례를 죄씻음의 상징으로 이해한다. 그러나 신약성경은 예수님이 죄가 없다고 가르친다. 세례는 죄씻음의 상징인데 왜 죄 없는 하나님의 아들이 자진해서 세례를 받으시려 하는가?

세례 요한은 유대 광야에서 외쳤다. "회개하라. 천국이 가까이 왔느니라." 세례 요한은 이사야 선지자가 예언한 바로 그 인물이었다. "광야에 외치는 자의 소리가 있어 이르되, 너희는 주의 길을 준비하라. 그가 오실 길을 곧게 하라" 마 3:1-3.

신약성경 이야기는 예수님의 공식 사역에서 시작하지 않고 세례 요한의 공식 사역에서 시작한다. 이스라엘은 400년간 선지자의 목소리를 듣지 못했다. 말라기 선지자 이후 세례 요한이 사역을 시작할 때까지, 선지자의 외침은 단 한 마디도 없었다.

세례 요한의 출현은 이스라엘 민족의 역사뿐 아니라 우리가 구속사라고 부르는 역사에서도 중요한 시작을 알리는 신호탄이었다. 세례 요한이 나타나 메시아의 길을 닦는 자의 모습과 특징을 성취하면서 새로운 것이 등장했다.

구약성경의 마지막 단락에 기록된 마지막 예언을 보자.

너희는 내가 호렙에서 온 이스라엘을 위하여 내 종 모세에게 명령한 법 곧 율례와 법도를 기억하라. 보라. 여호와의 크고 두려운 날이 이르기 전에 내가 선지자 엘리야를 너희에게 보내리니, 그가 아버지의 마음을 자녀에게로 돌이키게 하고, 자녀들의 마음을 그들의 아버지에게로 돌이키게 하리라. 돌이키지 아니하면 두렵건대 내가 와서 저주로 그 땅을 칠까

하노라 말 4:4-6.

구약의 마지막 선지자 말라기는 메시아가 오기 전에 엘리야 선지자가 다시 오리라고 했다. 수 세기 동안 이스라엘 백성은 엘리야의 귀환을 기다리고 계획하며 고대했다. 엘리야는 죽음을 겪지 않고 불수레를 타고 하늘로 올라갔다. 엘리야는 이처럼 특별하게 떠났기에 그야말로 신비스러운 존재였다.

세례 요한은 광야로 나왔다. 광야는 전통적으로 하나님과 그분의 백성이 만나는 장소였고, 선지자들이 하나님과 교통하고 여호와께 진격 명령을 받는 곳이었다.

세례 요한은 낙타털로 만든 기괴한 옷을 걸치고 다녔다. 게다가 메뚜기와 꿀을 먹었다. 어찌 보면 야만인 같고 사회부적응자 같은 세례 요한의 모습은 마치 엘리야를 떠올리게 했다.

사람들은 세례 요한에 열광했다. 수많은 사람들이 그를 보겠다고 광야로 나갔다. 그러자 산헤드린은 사태를 파악하려고 요단강에 조사단을 보냈다. 이들은 대뜸 세례 요한에게 물었다. "네가 엘리야냐?" 요한은 아리송한 대답을 했다. "나는 선지자 이사야의 말과 같이 주의 길을 곧게 하라고 광야에서 외치는 자의 소리로라." 세례 요한은 자신이 엘리야가 아니라고 했다.

하지만 예수님은 세례 요한에 관해 똑같은 질문을 받았을 때, 제자들에게 "오리라 한 엘리야가 곧 이 사람이니라"마 11:14라고 분명하게 말씀하셨다.

예수님은 이렇게 말씀하시기 전에 "만일 너희가 즐겨 받을진대"라는 수수께끼 같은 단서를 다셨다. 예수님은 구약성경 말라기서에 기록된 예언이 세례 요한의 사역에서 성취되었다고 선언하고 계셨다.

세례 요한과 엘리야가 정확히 동일 인물은 아니었다. 세례 요한은 엘리야의 환생이 아니었기 때문이다. 그러나 세례 요한은 엘리야의 사역과 능력과 직무를 재정립했다. 세례 요한은 엘리야의 영으로 와서 엘리야의 사명을 성취했다.

"구약성경에서 가장 위대한 선지자가 누구인가?"라고 묻는다면, 대개 이사야, 예레미야, 에스겔, 다니엘 같은 위대한 선지자들이 후보에 오른다. 그러나 이들보다 뛰어나며, 가장 위대한 선지자의 영예를 독차지할 인물이 있다. 바로 세례 요한이다. 세례 요한은 '구약의 선지자'였다.

세례 요한의 사역은 신약성경에 기록되었으나 그의 활동은 여전히 구약 역사 속에서 이루어졌다. 예수님은 "모든 선지자와 율법이 예언한 것은 요한까지니"마 11:13라고 말씀하셨다. 본문에 "까지"라는 말은 "~까지 그리고 ~도 포함해서"라는 뜻이다. 세례 요한은 구약의 선지자 계보의 마지막일 뿐 아니라 신약성경으로 넘어오는 다리를 놓는다.

예수님은 세례 요한을 이렇게 평가하셨다. "여자가 낳은 자 중에 세례 요한보다 큰 이가 일어남이 없도다. 그러나 천국에서는 극히 작은 자라도 그보다 크니라"마 11:11. 어떻게 이것이 가능한가?

내가 천국에서 가장 작은 자라고 하자. 그런데도 내가 세례 요한보다 더 크단 말인가? 어떤 의미에서 더 크단 걸가? 더 경건한가? 더 의로운가? 더 많이 아는가? 절대로 그럴 리가 없다.

예수님은 십자가 사건 이후, 부활의 이후, 새 언약의 이후, 하나님 나라 시작의 이후에 사는 자는 누구든지 세례 요한보다 훨씬 나은 상황, 훨씬 큰 복을 누린다고 말씀하고 계시는 것이다. 세례 요한은 나사렛 예수를 직접 보았고, 도래하는 하나님 나라를 직접 알렸으나 그 나라가 시작되기 전에 죽었다.

세례 요한은 구약의 선지자 계보에 속하지만, 핵심적인 면에서 모든 선지자와 다르다. 구약의 선지자들은 언젠가 메시아가 오리라고 예언했으나 그 '언젠가'는 막연한 미래일 뿐이었다.

세례 요한은 하나님이 메시아의 알림이, 메시아의 길잡이로 선택하신 사람이었다. 세례 요한의 시대가 바로 그 '언젠가'가 되었다. 세례 요한의 메시지는 "회개하라. 천국이 오고 있다"가 아니라 "회개하라, 천국이 가까이 왔느니라"였다 마 3:2. 천국이 가까웠다!

세례 요한은 때가 긴박함을 알리려고 중요한 두 가지 은유를 사용했다. 그는 "이미 도끼가 나무뿌리에 놓였으니"라고 했으며, 그분의 "손에 키를 들고" 계신다고 했다 눅 3:9, 17. 세례 요한의 말은 숲에서 도끼로 큰 나무를 찍기 시작하는 나무꾼의 모습을 떠올리게 한다. 나무꾼이 나무의 가장자리를 찍는다. 나무꾼이 일을 할수록 도끼날은 나무 중심부로 점점 더 파고들고, 거대한 참나무는 한 쪽으로 기운다. 도끼를 한 번만 더 내려치면 나무는 바닥에 쓰러질 판이다. 결정적인 순간이다. 세례 요한은 하나님 나라가 곧 밀어닥칠 참이라고 선포하고 있었다.

손에 '키'를 든 농부는 요한이 살던 시대의 농경문화에서 빌려온 이미지다. 세례 요한은 농부들이 알곡과 쭉정이를 분리할 때 쓰는 도구를 말하고 있다. 알곡과 쭉정이가 섞인 상태에서 농부가 키질을 하면 산들 바람에 쭉정이가 날려갔다. 농부는 준비를 마쳤다. 농부는 이미 헛간에서 키를 챙겨 나왔다. 이제 알곡과 쭉정이를 분리하기 위해 키질을 해야 할 때다.

세례 요한은 역사적인 순간, 사람들이 하나님 나라에 들어갈지 그러지 못할지를 판단 받을 위기의 순간을 말하고 있다. 왕은 이미 오셨고, 그분이 오심으로써 인류에게 위기가 닥친다.

세례 요한이 시작한 세례는 나중에 예수님이 제정하셨고 교회의 성례가 된 세례 의식과 많은 면에서 연결되고 비슷하지만 같지는 않다. 세례 요한의 세례는 철저히 이스라엘만을 위한 의식이었고, 유대 민족에게 이제 곧 오실 그들의 왕을 맞을 채비를 하라고 외치는 데 목적이 있었다.

세례의 뿌리는 구약성경에 나오는데, 구약성경에서 유대교로 개종하는 이방인들은 개종자 세례라는 정결 의식을 치러야 했다. 이방인이 유대인이 되려면, 세 가지를 해야 했다. 첫째, 신앙 고백을 해야 했는데, 이러한 신앙고백을 통해 율법과 선지자들의 가르침을 받아들였다. 둘째, 할례를 받아야 했다. 셋째, 개종자 세례를 통해 정결하게 되어야 했다. 유대인들은 이방인이 부정하고 더럽다고 여겼다. 따라서 이방인이 이스라엘의 식구가 되려면 목욕을 해야 했다.

세례 요한의 사역의 급진적인 부분은 그가 유대인들에게 세례를 받으라고 느닷없이 요구했다는 점이다. 이스라엘 통치자들은 세례 요한의 메시지가 담아내는 신랄한 공격을 놓치지 않았다. 세례 요한은 이렇게 전파한 것이다. "하나님 나라가 가까웠으나 너희는 준비가 되지 않았다. 하나님이 보시기에 너희는 이방인처럼 부정하고 더럽다!"

겸손한 사람들은 자신이 씻음을 받아야 한다는 점을 인정

했으나 성직자들은 그야말로 노발대발했다. 세례 요한의 사역은 엄청난 대중적 반향을 불러 일으켰다. 그래서 유대 역사가 요세푸스는 예수님보다 세례 요한에 더 많은 지면을 할애했다.

예수님이 요단강에 나오시자, 세례 요한은 하나님의 어린 양이라며 느닷없이 그분을 찬양했다. 세례 요한은 자신은 쇠하여야 하고 예수님은 흥하여야 한다고 했고, 자신은 예수님의 샌들 끈을 풀 만한 자격도 없다고 했다. 그런데 예수님이 앞으로 나와 세례 요한에게 "내게도 세례를 주시오!"라고 했을 때 세례 요한의 격찬은 바닥에 나뒹굴었다.

세례 요한은 그리스도께서 세례를 베풀라는 요청에 도저히 못 믿겠다는 표정을 지으며 두려움에 몸을 움츠렸다. 세례 요한은 오히려 자신이 예수님께 세례를 받겠다고 했으나 그리스도께서는 한사코 거절하셨다.

세례 요한의 신학 이해에는 한계가 있었다. 그는 메시아가 하나님의 어린 양이며, 유월절 어린 양이 흠이 없어야 한다는 것도 알았다. 그러나 예수님이 목욕을 해야 하는 더러운 유대인의 한 사람으로서 요단강에 나오시자 적잖게

당황했다.

예수님이 세례 요한에게 하신 말씀은 이 사건을 이해하는 데 중요하다. "이제 허락하라. 우리가 이와 같이 하여 모든 의를 이루는 것이 합당하니라"마 3:15. 이 말씀으로, 예수님은 긴 신학 논쟁에 마침표를 찍으셨다. 사실, 예수님은 이렇게 말씀하신 셈이다. "요한 선생, 당장은 이해가 되지 않더라도 지금은 내가 이르는 대로 하세요."

예수님은 모든 의를 이루려고 세례를 받으셨다. 이것은 율법의 일점일획까지 지켜야 하는 그분의 사명과 일치한다. 예수님은 하나님이 유대민족에게 부가하신 모든 의무를 고스란히 받아들이셨다.

유대민족의 죄를 대신 지는 자가 되려면, 먼저 하나님이 이스라엘에게 하시는 모든 요구를 충족시키셔야 했다. 예수님이 아버지의 율법을 향해 품으신 열심은 더없이 세밀하고 꼼꼼하며 빈틈이 없었다. 예수님은 아기 때 성전에 드려졌고, 할례를 받았으며, 하나님이 유대민족에게 부가하신 세례라는 새로운 의무까지 받아들이셨다.

예수님이 세례를 받으셨다. 이것은 예수님이 자신과 죄악

된 백성을 동일시하셨다는 상징일 뿐만 아니라 그분이 성별되셨고 아버지께서 맡기신 사명을 위해 기름부음을 받으셨다는 표시이기도 했다.

예수님이 세례를 받으셨다. 이것으로 그분이 맞을 운명이 확정되었고, 예루살렘으로 가려는 그분의 마음도 단단히 굳혀졌다. 언젠가 예수님은 제자들에게 "내가 받는 세례를 너희가 받을 수 있느냐?" 막 10:38고 물으셨다. 예수님은 죽으려고 세례를 받으셨다. 예수님은 희생양으로 지명되셨고, 그분에게 직무가 맡겨지는 순간 하늘이 열리고 하나님의 음성이 들렸다. "이는 내 사랑하는 아들이요 내 기뻐하는 자라" 마 3:17.

예수님의 시험

신약성경은 예수님이 세례를 받고 곧바로 성령에 이끌리어 광야로 들어가 마귀에게 시험을 받으셨다고 기록한다. 예수님은 방금 하늘에서 "이는 내 사랑하는 아들이요 내 기뻐하는 자라"라는 음성을 들으셨고, 성령께서 비둘기처럼 그분에게 임하셨다. 바로 그 성령께서 예수님을 광야로 '내모셨다' drove, 성령께서 예수님을 초대하거나 요청하거나 꼬드기신 게 아니었다.

신약성경은 하나님이 예수님을 시험으로 내모셨다고 말한다. 도대체 어떻게 된 건가? 야고보서 1장 13절은 시험 받는 자는 누구라도 자신이 하나님께 시험을 받는다고 해서는 안 되며, 우리가 시험 받는 까닭은 자신의 정욕이나 죄악된 기질 때문이라고 분명하게 잘라 말한다. 그렇다면, 예수님은 예외였는가?

성경에 시험하다 tempt, 유혹하다라는 단어는 적어도 두 가지 의미로 사용된다. 하나는 죄를 짓도록 유도하거나 꼬드긴다는 의미를 내포하는 시험이다. 하나님은 절대로 이런 시험을 하지 않으신다.

다른 하나는 '테스트한다'거나 도덕적인 검증을 위해 시련을 통과한다는 의미를 내포하는 시험이다. 예수님이 광야에서 겪으시는 시련은 바로 이런 의미의 시험이다.

그리스도께서 받으신 시험은 아담이 에덴동산에서 받은 시험과 놀랄 만큼 비슷하다. 창세기의 첫째 아담과 신약성경의 둘째 아담, 곧 예수님이 어떻게 비슷하고 어떻게 다른지 주목해야 한다. 둘 다 자신만이 아니라 타인들을 위해 시험을 받았다. 아담은 온 인류를 대신해 시험을 받았다. 인류 전체의 머리로서, 아담은 인류 전체를 대표했다. 아담의 타락은 우리의 타락이었다. 예수님은 새로운 시험에 맞닥뜨렸을 때, 새로운 인류를 대표하셨다.

시험을 받은 장소도 대조적이다. 예수님은 외떨어진 유대 광야, 황량하고 적막하며 무섭고 쓸쓸한 곳에서 시험을 받으셨다. 그 지역에 있는 건 거미, 뱀, 전갈, 들새뿐이었다. 바위투성이의 황무지에다 무더워 사람은 고사하고 들짐승도 살기에 녹록치 않은 곳이었다. 반대로 아담은 나무가 우거진 더할 나위 없이 아름다운 낙원에서 시험을 받았다. 아담의 눈앞에는 온갖 꽃으로 단장한 아름다운 광경이 펼쳐져 있었던 반면 예수님의 눈앞에는 온통 바위뿐이었다.

예수님은 홀로 시험을 견디셨다. 키에르케고르의 표현을 빌리자면, 인간의 불안 중에서도 가장 좋지 않은 상황인 실존적 고독 속에서 혈혈단신으로 시험을 견디셨다. 아담은 하나님이 그를 위해 창조하신 배필의 도움과 격려를 누리며 친밀한 교제를 나누는 중에 시험을 받았다. 그러나 예수님은 사람과의 교통이 완전히 차단된 고통스러운 상황에서 시험을 받으셨다.

아담은 잔치 중에 시험을 받았다. 아담은 그야말로 식도락가들이 꿈꾸는 그런 위치에 있었다. 아담은 배가 잔뜩 불러 아무것도 바랄 게 없는 상황에서 사탄과 맞닥뜨렸다. 그런데도 아담은 한 숟가락 더 먹고 싶은 유혹시험에 굴복했다. 예수님은 40일을 금식한 터라 몸의 구석구석이 먹을 것을 달라고 소리 지르는 순간에 시험을 받으셨다. 그분은 더없이 주리셨고, 사탄은 육체적 욕구가 극에 달하는 시점에 찾아와 금식을 중단하라며 유혹했다.

그러나 두 시험의 유사성을 파악하는 게 더 중요하다. 핵심 문제, 곧 공격의 핵심은 똑같다. 어느 경우도 궁극적인 문제는 음식이 아니었다. 궁극적인 문제는 하나님을 믿느냐였다. 하나님의 존재를 믿느냐는 문제가 아니라 '하나님을' 믿느냐는 문제였다.

아담이 하나님의 존재를 믿었다는 데는 의심의 여지가 없다. 아담은 얼굴을 마주하고 하나님과 교제하지 않았던가? 예수님도 하나님의 존재를 똑같이 확신하셨다. 시험의 핵심은 하나님을 믿느냐였다.

뱀은 창세기에서 들짐승 가운데 가장 간사한 존재로 묘사된다. 이러한 뱀이 아담과 하와의 평화로운 거처에 불쑥 나타났다. 뱀은 처음부터 노골적으로 공격하지 않았고 대신에 빗대기 전법을 썼다. 그는 하나님을 모독하는 생각을 얄팍하게 숨긴 채 간단한 질문을 던졌다. 별안간, 하나님의 진실하심에 옅은 의심의 구름이 드리웠다. "하나님이 참으로 너희에게 동산 모든 나무의 열매를 먹지 말라 하시더냐?" 창 3:1.

얼토당토않은 질문이었다. 너무도 빤한 거짓말이었기에 하와가 질문에서 잘못된 부분을 놓칠 리 없었다. 그는 태고적 형사 콜롬보처럼 스스로 어수룩하게 보이고, 하와가 그의 똑똑함을 얕보도록 교묘하게 꾸밈으로써 하와를 추켜세웠다.

하와는 재빨리 잘못된 부분을 지적하고 바로 잡았다. 물론, 하나님은 모든 실과를 먹지 말라고 명하지 않으셨다. 정반대로, 하나만 빼고 에덴동산의 모든 열매를 마음대로 먹어도 좋다고 하셨다. 에덴동산에서 아담과 하와에게 주어진 엄청난 자유에 비하면 금지는 그야말로 아주 작았다.

교묘한 암시는 이미 주어졌다. 은밀한 의도가 작용하고 있었다. 그것은 프랑스 철학자 장 폴 사르트르Jean Paul Sartre가 공식화한 사상과 같다. 한 인간이 완전한 자율을 누리지 못한다면, 진정으로 자유로운 게 아니다. 자유가 절대적이지 않다면, 허상, 곧 노예 상태를 숨기는 허울에 지나지 않는다.

이런 말이다. 우리가 자녀의 요구를 연달아 열다섯 번을 들어주었다 하더라도, 한 번 '안 돼'라고 말한다면, 반응은 즉각적이다. "부모님은 내가 뭘 하든지 다 못하게 해!"

하와를 인정해줘야 한다. 하와는 뱀의 첫 공격에 용감히 맞섰다. 하와는 사탄의 말을 바로잡음으로써 하나님의 명예를 지켜냈다. 그러나 뱀은 능숙하게 전략을 바꾸었고, 무시무시한 망치를 휘두르며 직접 공격을 감했다.

"너희가 결코 죽지 아니하리라. 너희가 그것을 먹는 날에는 너희 눈이 밝아져 하나님과 같이 되어……" 창 3:4-5. 사탄은 선악과를 따서 건네주지 않았으나 하나님처럼 되리라고 약속했다. 사탄의 말은 하나님의 말씀과 명백하게 모순된다.

우리시대 몇몇 신학자들의 신조에 비극적인 역설이 숨어

있다. 이들은 합리성에 알레르기 반응을 보이고 논리를 의심하며, 기독교와 실존철학을 뒤섞으면서 이를 자랑한다. "모순은 진리의 징표다." 이것이 이들의 신조다. 진리는 너무 높고 너무 거룩해 이성의 능력을 초월할 뿐 아니라 이성을 거스른다는 것이다. 이들에 따르면 종교적 진리는 초자연적일 뿐더러 반이성적이기까지 하다.

이들의 신조를 아담의 시험에 적용해보자. 아담은 아직 타락의 결과에 영향을 받지 않은 지적 능력을 갖춘 상태에서 뱀의 말을 듣는다. 그는 뱀의 말이 하나님의 말씀과 충돌한다는 사실을 금방 알아챈다. 하나님은 아담과 하와가 선악과를 먹으면 죽으리라고 말씀하셨다. 그런데 뱀은 이들이 선악과를 먹더라도 죽지 않으리라고 했다. 아담은 금지명령에 논리의 잣대를 들이댄다.

하나님은 "너희가 A하면 반드시 B라는 결과가 따르리라"고 말씀하셨다. 그런데 뱀은 "너희가 A하더라도 절대로 B라는 결과가 따르지 않을 거다"라고 한다. 아담은 잠시 생각에 잠긴다. "둘은 비모순율에 저촉되잖아!" 아담은 엄밀하게 분석하며 더 골똘히 생각한다.

뱀은 모순된 말을 한다. 모순은 진리의 징표다. 하나님은 진리다. 이상이 내가 저항할 수 없는 논리로 증명한 내용이야! 아담의 결론은 단 하나, 뱀이 하나님의 사자使者라는 것이다. 그러므로 이제 금단의 열매를 먹는 일은 아담의 특권일 뿐더러 도덕적 의무이기까지 했다. 모순에 저항한다면 진리의 징표를 거부하는 셈이니까. 이런 식으로 생각하면, 아담의 타락은 타락이 아니라 인류를 위한 거대한 도약이다.

모순을 진리의 징표로 보면, 신학은 구렁텅이에 빠진다. 신학은 완전히 밑바닥까지 떨어진다. 모순이 진리의 알림이라면, 진실과 거짓, 순종과 불순종, 의와 불의, 그리스도와 적그리스도를 구분할 길이 없다.

성경적으로 모순은 거짓말의 징표다. 진리는 신비롭기도 하며 때로는 역설적이기까지 하지만, 절대로, 절대로, 절대로 모순되지는 않는다.

뱀은 최초의 모순을 말했고, 예수님은 그가 처음부터 거짓말쟁이였고 거짓의 아비였다고 정확히 말씀하셨다. 아담은 거짓말에 속았다. 아담은 자신을 지으신 창조자가 진실하지 못하다고 비방하면서 하나님의 보좌를 찬탈하려 했다.

예수님도 시험을 받으실 때 똑같은 문제에 직면하셨다. 사탄은 똑같이 교묘한 말로 시작했다. "네가 **만일** 하나님의 아들이어든, 명하여 이 돌들로 떡덩이가 되게 하라" 마 4:3, 강조 표시는 덧붙인 것이다. 주목하라. 사탄은 "네가 하나님의 아들이니까……"라는 말로 시험을 시작하지 않았다.

그리스도께서 광야로 들어가시기 전에 마지막으로 그분의 귓전에 울린 말씀이 무엇이었는가? 하나님이 하늘에서 모두에게 들리는 음성으로 말씀하셨다. "이는 내 사랑하는 아들이요……." 40일을 금식하며 핍절하게 지낸 터라 이 말씀을 신뢰하기가 점점 더 어렵지 않았을까 싶다. 예수님은 천국 왕자의 특권을 누리지 못하고 계셨다. 사탄의 교묘한 공격의 핵심은 에덴에서 시도해서 성공했던 방식인 "하나님이 참으로……하시더냐?"와 조금도 다르지 않았다.

예수님은 명쾌한 답변으로 사탄의 교묘한 공격을 저지하셨다. "기록되었으되……." 이것은 유대인들이 "성경이 말하기를……"이라는 뜻으로 사용하는 관용적 표현이었다. 예수님은 성경을 인용해 사탄을 꾸짖으셨다. "사람이 떡으로만 살 것이 아니요 하나님의 입으로부터 나오는 모든 말씀으로 살 것이라" 마 4:4.

마치 예수님이 이렇게 말씀하고 계시는 듯하다. "물론 나는 배가 고프다. 나에게 돌로 떡 만들기는 그야말로 식은 죽 먹기라는 것쯤은 나도 안다. 그러나 떡보다 중요한 게 있다. 나는 하나님의 말씀으로 산다. 하나님의 말씀이 나의 생명이다."

사탄은 포기를 몰랐다. 그는 예수님을 성전 꼭대기로 데려가 다시 그분을 시험했다. "네가 **만일** 하나님의 아들이어든 뛰어내리라. 기록되었으되 그가 너를 위하여 그의 사자들을 명하시리니 그들이 손으로 너를 받들어 발이 돌에 부딪치지 않게 하리로다 하였느니라" 마 4:6, 강조 표시는 덧붙인 것이다.

사탄은 성경을 인용했으나 자기 목적에 맞게 성경을 왜곡했다. 시험 문제는 분명했다. "하나님의 말씀이 참이라면 시험해봐라. 과연 천사들이 너를 붙잡아주는지, 직접 뛰어내려봐라."

예수님은 성경으로 성경에 답하셨고, 성경은 하나님을 시험하지 말라고 가르친다는 사실을 사탄에게 상기시키셨다. 대화는 이렇게 진행되었으리라.

"사탄아, 네가 성경에 조예가 깊구나! 핵심적인 구절들을 외우기까지 하다니. 하지만 너의 해석은 조잡하기 이를 데 없다. 너는 성경과 성경이 충돌하게 하는구나. 아버지께서 나를 보호할 천사들을 보내겠다고 약속하셨다는 것쯤은 나도 안다. 하지만 그 약속이 진짜인지 알아보겠다고 저 아래로 뛰어내리지는 않겠다. 바로 이 순간, 아버지께서 나를 시험하고 계신다. 내가 아버지를 시험하고 있는 게 아니란 말이다."

그래도 사탄은 포기하려하지 않았다. 사탄은 예수님을 높은 산으로 데려가 세상 모든 왕국을 보여주며 말했다. "만일 내게 엎드려 경배하면 이 모든 것을 네게 주리라" 마 4:9.

둘은 아무도 보지 않는 외딴 곳에 있었다. 잠깐 배신한다 해도 누구하나 보는 사람이 없을 터였다. 잠깐 무릎을 꿇기만 하면 되었다. 그렇게 한들 뭐가 어떻겠는가?

아버지께서 이미 예수님께 세상 모든 왕국을 약속하셨으나 그 대가는 십자가였다. 낮아지지 않고서는 절대로 높아질 수 없었다. 사탄은 수월한 길을 제시했다. 쓰디쓴 잔도 없고, 수난도 없으며, 조롱도 없는 길이었다. 잠시 무릎만 꿇으면 세상이 그리스도의 차지가 될 판이었다.

그러나 예수님은 이렇게 대답하셨다. "기록되었으되, 주 너의 하나님께 경배하고 다만 그를 섬기라 하였느니라" 마 4:10. 작은 타협도 용납되지 않았다.

예수님과 사탄의 대화를 우리시대의 말로 표현하면 어떻게 되겠는가? 사탄이 예수님을 비난한다. "예수 양반, 당신은 고지식하고 속이 좁기 이를 데 없군! 성경의 단 한 줄이라도 양보하는 대신에 성경에 곧이곧대로 얽매여 죽음을 선택하겠다는 거요? 당신이 인용하는 율법이 구닥다리라는 걸 모르시오? 그 율법이 나와 있는 오경 五經이란 것도 우리가 알듯이 모세의 작품도 아니란 말이오. 단지 어느 순진한 인간, 원시신화와 미신적인 금기에 갇힌 어느 인간의 원시적인 신념일 뿐이란 말이오."

예수님이 대답하신다. "사탄, 듣자니 못하는 말이 없구나! 그것은 성경이고, 성경은 절대로 어겨서는 안 되는 거다!"

예수님은 하나님을 믿으셨고, 사탄은 예수님을 떠났다. 아담이 패배한 곳에서, 예수님은 승리하셨다. 아담이 타협한 곳에서, 예수님은 타협을 거부하셨다. 하나님에 대한 아담의 신뢰가 흔들린 곳에서, 예수님의 신뢰는 전혀 흔들리지 않았다. 둘째 아담이 자신을 위해, 우리를 위해 승리하셨다.

주목해야 할 유사점이 하나 더 있다. 예수님이 시험을 다 받으신 후, 정확히 아버지께서 약속하신 대로 천사들이 나타나 그분을 시중들었다. 아담도 천사를 보았다. 그러나 아담이 본 천사는 화염검을 들고 낙원의 입구를 지키고 서 있었다. 천사는 아담을 에덴의 동쪽으로 추방했다.

예수님의 수난

이 세상에서 일어난 사건 가운데 우리가 이해하지 못할 만큼 고귀하고 거룩한 사건이 있다면, 그리스도의 수난, 곧 그리스도의 죽음과 그리스도의 대속과 그리스도께서 아버지께 버림받으심이다. 하나님이 그분의 말씀을 통해 그 의미를 우리에게 드러내지 않으셨다면, 우리는 너무나 두려워 이 사건을 감히 입에 담지 못하지 않을까 싶다.

이 단락에서는 성경이 그리스도의 십자가를 어떻게 해석하는지 집중적으로 살펴보겠다.

우리는 역사적 사건을 논의할 때면, 어김없이 사실을 되짚

어보고, 실제로 무슨 일이 일어났고, 무슨 말을 했으며, 무엇을 목격했는지를 놓고 논쟁을 벌이기도 한다. 그러나 우리가 사실에 동의하더라도 또는 동의하지 않기로 동의하더라도, 우리가 물을 수 있는 가장 중요한 문제는 여전히 그대로 남는다.

그 사건의 의미는 무엇인가?

그리스도께서 비틀대며 골고다를 오르는 광경을 목격한 사람들, 그리스도께서 로마인들에게 넘겨지는 광경을 보았던 사람들, 그리스도께서 십자가에 달리는 장면을 지켜보았던 사람들은 이 사건의 의미를 다양하게 이해했다.

현장을 목격한 사람들 가운데 더러는 자신이 한 범죄자의 처형 장면을 보고 있을 뿐이라고 생각했다. 대제사장 가야바는 그리스도의 죽음이 하나의 방편이라고 했으며, 그리스도가 민족을 위해 죽어야 한다고 했다. 그는 그리스도의 십자가 죽음을 정치적 유화책으로 보았다. 예수님의 죽음을 지켜본 백부장은 "이는 진실로 하나님의 "아들이었도다!"라고 했다 마 27:54. 본디오 빌라도, 예수님과 나란히 십자가에 달린 두 강도 등, 저마다 십자가의 의미를 다르게 해석하는 듯 보인다.

십자가는 2천년 동안 신학에서 가장 인기 있는 사색의 주제였다. 우리시대의 다양한 신학 학파를 탐구해보면 알겠지만, 십자가에서 실제로 무슨 일이 일어났느냐를 두고 다양한 이론이 경쟁한다.

어떤 사람들은 십자가가 희생적 사랑의 최고봉이었다고 말한다. 어떤 사람들은 십자가가 가장 용기 있는 실존적 행위였다고 말하고, 어떤 사람들은 십자가가 우주적인 구속 행위였다고 말한다. 논쟁은 끝이 없다.

그러나 우리에게는 십자가 사건을 기록한 성경인 복음서가 있을뿐 아니라 십자가 사건에 대한 하나님의 해석인 서신서도 있다.

갈라디아서 3장 13절에서, 바울은 십자가의 의미를 논하면서 3장 전체의 의미를 한 절로 요약한다. "그리스도께서 우리를 위하여 저주를 받은 바 되사 율법의 저주에서 우리를 속량하셨으니, 기록된 바, 나무에 달린 자마다 저주 아래에 있는 자라 하였음이라."

이러한 저주 모티프가 고대세계의 박식한 유대인에게는 분명하게 이해되었을 테지만 오늘 우리에게는 낯설기 그지 없다. 우리에게는 '저주'의 개념 자체가 미신처럼 들린다.

어떤 사람은 저주라는 단어를 들으면 작은 인형을 송곳으로 찌르면서 적을 저주하는 원시 부족의 주술 행위를 생각할지도 모르겠다. 또 어떤 사람은 이집트 미라의 무덤에 기록된 저주를 생각할지도 모른다. 우리시대에는 저주가 미신의 영역에 속한다고 생각한다.

그러나 성경이 말하는 저주는 의미가 약간 다르다. 구약성경에서 저주는 하나님의 부정적인 심판을 가리킨다. 저주는 축복의 반대말이다. 저주의 뿌리는 신명기에서 하나님이 이스라엘과 언약을 세우고 이스라엘에게 율법을 주시는 장면으로 거슬러 올라간다. 모든 언약에는 부가조항이 있었고, 부가조항에는 언약을 지킨 자들이 받는 상급과 언약을 어긴 자들이 받는 징벌이 포함되었다.

하나님은 자신의 백성에게 이렇게 말씀하셨다. "내가 오늘 복과 저주를 너희 앞에 두나니, 너희가 만일 내가 오늘 너희에게 명하는 너희의 하나님 여호와의 명령을 들으면 복이 될 것이요, 너희가 만일 내가 오늘 너희에게 명령하는 도에서 돌이켜 떠나 너희의 하나님 여호와의 명령을 듣지 아니하고 본래 알지 못하던 다른 신들을 따르면 저주를 받으리라"신 11;26-28. 저주는 하나님이 불순종하는 자들에게, 자신의 거룩한 율법을 어긴 자들에게 내리시는 심판이다.

저주의 의미를 보다 깊이 이해하려면, 저주를 그 반대인 축복과 대조해보면 된다. 축복blessed은 무엇인가. 이 단어는 히브리어로 아주 정확히 정의된다.

구약성경을 보면, 에덴동산에서 인간과 하나님의 교제가 깨진 후에도 인간은 여전히 하나님과 가까운 관계를 유지했으나 한 가지는 완전히 금지되었다. 어느 누구도 하나님의 얼굴을 볼 수 없었다. 이 특권, 더없이 아름다운 이 장면은 우리의 구속이 최종적으로 완성될 때까지 보류되었다.

이것은 우리의 소망이며, 우리는 언젠가 하나님의 맨얼굴을 직접 보게 될 것이다. 그러나 지금은 "네가 내하나님의 얼굴을 보지 못하리라"출 33:20는 명령이 여전히 유효하다. 하지만 유대인들은 인간의 타락에 대한 이러한 징벌이 언젠가 제거되리라는 소망을 늘 품었다. 히브리인들의 축복이 이것을 보여준다.

여호와는 네게 복을 주시고 너를 지키시기를 원하며,

여호와는 그의 얼굴을 네게 비추사 은혜 베푸시기를 원하며,

여호와는 그 얼굴을 네게로 향하여 드사 평강 주시기를 원하

노라 민 6:24-26.

히브리 대구법의 한 예다. 세 행 모두 같은 내용이다. 여호와께서 복을 주시리라. 여호와께서 그분의 얼굴을 네게 비취시리라. 여호와께서 그분의 얼굴을 네게로 향하여 드시리라. 이스라엘은 축복을 정확하게 이해했다. 축복을 받는다는 말은 하나님의 얼굴을 볼 수 있게 된다는 뜻이었다.

그러나 그 축복을 상대적인 수준으로밖에 누리지 못했다. 다시 말해, 얼굴을 마주하는 궁극적인 관계에 가까운 사람일수록 복을 많이 받은 사람이었다. 거꾸로 말하면, 얼굴을 마주하는 관계에서 멀어진 사람일수록 저주를 많이 받은 사람이었다.

이러한 대조에서 보듯이, 구약성경에서 하나님의 저주에는 그분 앞에서 완전히 쫓겨나는 벌이 포함되었다. 완전히 저주를 받으면, 빛나는 하나님의 얼굴을 멀리서나마 언뜻이

라도 보지 못했다. 심지어 여호와의 얼굴에서 나오는 광채가 반사된 한 줄기 빛조차 보지 못했다. 저주를 받는다는 말은 하나님 앞에서 쫓겨나 완전한 어둠의 자리로 들어간다는 뜻이다.

이러한 상징은 이스라엘 역사 내내 계속되었고, 유대인들의 의식에까지 배어들었다. 이것은 하나님이 자신의 백성 가운데 계시리라는 약속을 상징하는 성막의 위치에도 적용되었다. 하나님은 이스라엘에게 공동체의 구심점, 곧 여호와의 거처인 회막을 중심으로 지파의 위치를 정해 장막을 치라고 명하셨다.

오직 대제사장만이 회막의 중심부, 곧 지성소에, 그것도 1년에 단 한 차례, 속죄일에만 들어갈 수 있었다. 그 때라도, 대제사장은 몸을 깨끗이 씻고 정결 의식을 행한 후에야 들어갈 수 있었다. 하나님이 자신의 백성 가운데 계셨으나 백성은 회막의 내실, 하나님의 거처를 상징하는 곳에 들어가지 못했다.

속죄일에는 두 마리 짐승이 의식에 사용되었다. 하나는 어린양이었고 나머지 하나는 속죄염소아사셀 염소였다. 제사장은 백성의 죄를 위해 어린양을 잡아 제물로 바쳤다. 제사장은 또한 백성의 죄를 전가한다는 상징으로 속죄 염소의 머리에 손을 얹었다. 그런 후에 염소를 곧바로 진 밖 광야로, 황폐한 곳으로, 하나님에게서 먼 바깥 어두운 곳으로 몰아냈다. 속죄 염소는 저주를 받았다. 속죄 염소는 산 자의 땅에서 끊어졌고, 하나님 임재에서도 끊어졌다.

이러한 행위의 의미를 그리스도와 연결 지어 이해하려면, 신약성경으로 넘어가야 한다. 요한은 자신의 복음서를 이렇게 시작한다. "태초에 말씀이 계시니라. 이 말씀이 하나님과 함께 계셨으니 이 말씀은 곧 하나님이시니라."

삼위일체의 신비 때문에 우리는 참으로 오랫동안 머리가 복잡했다. 우리는 아버지와 아들이 하나이시나 서로 구분되고 독특한 관계로 존재하신다는 것을 안다. 요한이 설명했듯이 그 관계는 '함께'라는 단어로 표현된다.

그 말씀이 하나님과 함께 계셨다. 말 그대로, 요한은 아버지와 아들은 얼굴을 마주하는 관계, 유대인들에게는 허락되지 않았던 하나님과의 바로 그 관계라고 말하고 있었다. 구약의 유대인들은 성막에 들어가 하나님과 '함께'_{헬라어}

sun, 그룹으로 모인다는 뜻에서 '함께' 했으나 그 누구도 하나님과 '더불어' 헬라어 pros, 얼굴을 마주한다는 의미에서 '함께' 얼굴을 마주하지는 못했다.

십자가 죽음을 살펴볼 때, 예수님과 아버지의 관계가 궁극적인 복을 상징하며 이러한 관계의 부재가 저주의 본질이라는 점을 기억하는 게 중요하다.

예수님의 수난 이야기를 읽어보면 두드러진 점이 있다. 구약성경은 주님의 백성이 주님을 이방인에게, 언약을 모르는 외국인들에게 넘겼다고 가르친다. 예수님은 유대 당국자들에게 심문을 받으신 후, 로마인들에게 넘겨져 재판을 받으셨다. 예수님은 유대 식으로 돌에 맞아 죽지 않으셨다. 당시의 역사적 상황으로는 이런 처형이 불가능했기 때문이었다. 당시에는 로마제국이 팔레스타인을 지배하고 있었기에, 사형 집행은 로마 법정의 독점 권한이었고, 사형을 집행할 때도 로마의 방식인 십자가형으로 해야 했다.

예수님이 이방인들의 손에 '진 밖에서' 죽임을 당하셨다는 사실은 의미심장하다. 예수님은 예루살렘 성 밖에서 죽임을 당하셨다. 그분은 골고다로 끌려가셨다. 종합해보면 이 모든 행위는 저주 받은 속죄 염소 드라마의 재연이었다.

바울은 신명기 율법에서 보듯이 나무에 달린 자는 누구든지 하나님의 저주를 받은 자라고 말한다. 돌에 맞아 죽은 자라고 반드시 저주를 받은 자는 아니라는 뜻이다. 예수님은 나무에 달리셨고, 구약성경이 하나님의 심판에 관해 말하는 세세한 부분을 죄다 성취하셨다.

신약성경은 예수님의 죽음을 단지 용기나 사랑의 본보기로 보는 데 그치지도 않는다. 예수님의 죽음이 이러한 의미를 내포하지만 오히려 예수님의 죽음은 우주적 사건이요, 대속의 죽음이었다. 그것은 우리 대신에 그리스도에게 쏟아진 저주였다.

스위스 신학자 칼 바르트Karl Barth는 휘페르hyper라는 보잘 것없는 헬라어 단어야말로 신약성경 전체에서 가장 중요한 단어라고 했다. 휘페르는 간단히 말해 '대신에' in half of라는 뜻이다.

예수님의 죽음이 우리의 죽음을 대신한다. 그분은 당신과 나를 대신해 율법의 저주를 받으셨다. 예수님은 이것을 다양한 방식으로 말씀하셨다. "나는 양을 위하여 목숨을 버리노라……. 이를 내게서 빼앗는 자가 있는 것이 아니라 내가 스스로 버리노라" 요 10:15, 18. "인자가 온 것은 섬김을 받으려 함이 아니라 도리어 섬기려 하고 자기 목숨을 많은 사람의 대속물로 주려 함이니라" 막 10:45. 이러한 신약성경의 이미지들은 '대리'라는 개념을 강조한다.

언젠가 옛 언약과 새 언약의 관계를 주제로 강연을 했었다. 강연 중간에 한 사람이 뒤쪽에서 벌떡 일어섰다. 그는 예수 그리스도의 죽음은 대속의 죽음이며, 타인들을 대신하는 대리의 죽음이라는 내 말에 발끈했다. 그는 "원시적이고 추악하네요!"라고 큰 소리로 말했다. 나는 놀란 가슴을 쓸어내리고 생각을 가다듬은 후 이렇게 대답했다. "지금 말씀하신 두 단어야말로 제가 들은 중에 십자가의 특징을 가장 잘 묘사하는 단어입니다."

무엇이 이보다 더 원시적이겠는가? 피로 물든 언약은 원시적인 주술을 연상시킨다. 너무나 단순하기에 가장 못 배운 사람도, 가장 우둔한 사람도 넉넉히 이해하고 남는다. 하나님이 우리에게 주시는 구속의 길은 지적인 엘리트들만 이해하는 어려운 길이 아니다. 어찌나 단순하고 쉬운지 원시인도

넉넉히 이해하고 남을 뿐 아니라 동시에 어찌나 지고至高한지 더없이 똑똑한 신학자들도 깜짝 놀란다.

나는 실제로 그 남자가 내뱉은 추악하다obscene는 단어가 마음에 들었다. 이것이 더없이 적절한 단어인 까닭은 그리스도의 십자가야말로 인류 역사상 가장 추악하고 터무니없는 사건이기 때문이다.

예수 그리스도께서 추악함이 되셨다. 그분이 십자가에 달리는 순간, 세상 죄가 속죄 염소에게 전가되듯이 그분에게 전가되었다. 살인자의 추악함, 창녀의 추악함, 유괴범의 추악함, 비방자의 추악함, 이들이 세상 사람들에게 저지른 모든 추악함이 그 순간 한 사람에게 집중되었다. 이 모든 추악함을 담당하시는 순간, 그리스도는 죄의 화신이 되셨고, 추악함의 전형이 되셨다.

어떤 의미에서, 십자가에 달리신 그리스도는 역사상 가장 더럽고 기괴한 인물이었다. 그리스도 자신은 흠 없는 어린 양이셨다. 죄 없고 완전하며 위엄이 높으신 분이었다. 그러나 '전가'를 통해, 인간이 지은 모든 추악한 죄가 그분에게 집중되었다.

죄가 예수님에게 집중되자, 하나님은 예수님을 저주하셨다. 율법의 저주가 예수님께 쏟아졌고 예수님은 역사에 유래가 없는 고통을 겪으셨다. 나는 양손에 못이 박히는 고통, 십자가에 달리는 고통, 끔찍하기 이를 데 없는 십자가 처형의 고통을 생생하게 전하는 설교를 수없이 들었다. 나는 이 모든 설교가 정확할 뿐더러 십자가야말로 끔찍하고 무서운 사형 방식이었다고 확신한다.

하지만 세계사를 들춰보면, 고통스러운 십자가형을 당한 사람이 무수히 많다. 그러나 하나님의 저주로 인한 고통을 고스란히 느낀 사람은 오직 한 명뿐이었다. 그분은 이 고통을 느끼며 소리치셨다. "나의 하나님, 나의 하나님 어찌하여 나를 버리셨나이까?" 막 15:34.

그분이 시편 22편을 인용했을 뿐이든 너무나 고통스러워 정신이 혼미해져 무슨 일이 벌어지는지조차 몰랐든, 하나님은 분명히 '그분을 버리셨다.' 이것이 대속의 온전한 핵심이다. 버림이 없다면 저주도 없다. 그 순간, 시공간 속에서, 하나님은 아들에게 등을 돌리셨다.

예수님이 아버지와 얼굴을 마주하고 누리셨던 친밀함이

산산조각 났다 그분의 인성에서. 그 순간, 하나님이 빛을 가리셨다. 성경은 세상이 어둠에 싸였다고 말한다. 하나님이 그 순간의 충격을 친히 증언하신 셈이다. 예수님이 버림을 당하셨고 저주를 받으셨으며 이것을 직접 느끼셨다.

수난passion이란 단어는 '느낌'feeling이라는 뜻이다. 예수님이 버림받으실 때, 양손에 못이 박힌 사실과 머리에 가시관이 씌워진 사실을 의식하셨는지 모르겠지만 그분은 아버지에게서 끊어지셨다. 추악했다. 그러나 아름다웠다. 이를 통해 우리는 언젠가 이스라엘의 축복을 온전히 체험할 것이기 때문이다. 우리는 수건을 벗고 하나님의 빛나는 얼굴을 직접 보게 될 것이다.

예수님의 부활

예수님의 삶은 전체적으로 낮아짐에서 높아짐으로 옮겨가는 형태를 띤다. 그러나 같은 사건에도 대조적인 부분들이 나타나기에 이런 변화가 엄격히 직선적이지는 않다. 예수님의 탄생 이야기에는 수치와 위엄이 함께 나타난다. 예수님의 공식 사역에는 찬양과 조롱, 환영과 배척, "호산나!"와 "그를 못 박으소서!"라는 외침이 함께 따랐다. 죽음의 그림자가 가까이 왔을 때 예수님은 홀연히 변화된 모습을 보여주셨다.

십자가의 비애에서 부활의 장엄함으로 이어지는 변화가 순식간에 일어나지는 않는다. 수의를 입히고 장사를 지내고 부활에 이르는 변화는 점진적이다. 예수님의 높아짐은 시신이 십자가에서 내려지는 장면에서 시작되는데, 이 장면은 고전적인 기독교 예술에서 피에타 Pieta, 예수의 시신을 안고 있는 마리아 그림이나 조각상로 표현된다.

예수님의 시신은 규정대로 처리되지 않았다. 통상적으로 십자가에 처형된 범죄자의 시체는 당국에서 게헨나, 곧 예루살렘 밖에 위치한 쓰레기 처리장에 내다버렸다. 그곳에서 시체는 이교도의 화장 형식에 따라 소각되었고, 따라서 품위를 갖춘 전통적인 유대 장례는 허락되지 않았다.

게헨나의 불은 잠시도 꺼지지 않았다. 예루살렘에서 배출되는 쓰레기를 소각함으로써 공중위생을 유지하는 데 필수적이기 때문이었다. 예수님은 게헨나를 불길이 절대로 꺼지지 않고 벌레도 죽지 않는 지옥을 상징하는 적절한 은유로

활용하셨다.

빌라도는 예수님의 경우를 예외로 처리했다. 어쩌면 양심의 가책을 느껴 예수님을 장사하겠다는 요청을 받아들였는지도 모르겠다. 어쩌면 예수님이 부자의 무덤에 장사되리라는 이사야의 예언이나 자신의 거룩한 자가 썩음을 당하지 않게 하리라는 자신의 약속을 성취하시려는 하나님의 강력한 섭리에 감동되었는지도 모르겠다. 그리스도의 시신은 향으로 덮고 세마포로 싸서 아리마대 요셉이라는 귀족 소유의 무덤에 안장됐다.

사흘 동안 세상은 어둠에 묻혔다. 예수님을 따르던 여인들은 그분의 시신에 향유를 바르는 소박한 장례 의식을 치러도 좋다는 허락에 작은 위로를 받기는 했으나 애절한 울음을 그치지 못했다. 제자들은 도망쳐 한데 숨어 있었고, 그들의 꿈은 "다 끝났다! 다 이루었다!"는 한 마디에 산산조각이 났다.

사흘 동안 하나님은 침묵하셨다. 그런 후에 소리치셨다. 천지를 뒤흔드는 힘으로, 하나님은 무덤을 막고 있던 돌을 굴려 치우셨고, 창조적인 생명의 에너지를 그리스도의 시신에 다시 한 번 불어 넣으셨다. 예수님의 심장이 뛰기 시작했고, 영광스럽게 된 피를 영광스럽게 된 동맥에 뿜어 넣었으며, 죽음으로 위축되었던 근육에 영화롭게 된 능력을 공급했다.

수의가 그분을 묶어두지 못했고, 그분은 제 발로 일어나 무덤에서 뚜벅뚜벅 걸어 나오셨다. 순식간에 죽을 몸이 죽지 않을 몸이 되었고, 승리가 죽음을 삼켜버렸다. 욥이 던졌던 "장정이라도 죽으면 어찌 다시 살리이까?"라는 물음이 단번에 해결되었다. 인류의 비극이 장엄한 영광으로 바뀌는 순간이다. "그가 살아나셨느니라!"는 외침과 더불어 케리그마, 초대교회의 선포가 시작되는 순간이다.

이 사건을 하나의 상징으로, 아름다운 소망의 이야기로 보고 넘겨도 그만이다. 이 사건을 어느 설교자의 표현처럼 "부활의 의미는 우리가 변증법적 용기를 갖고 매일 아침을 새롭게 맞을 수 있다는 것입니다"라고 선언하는 도덕주의로 축소해버려도 그만이다.

변증법적 용기란 현대 허무주의의 아버지 프레드릭 니체가 만들어낸 신상품이다. 변증법적 용기는 긴장 상태에서 갖는 용기다. 긴장 상태란 삶은 무의미하고 죽음이 끝이라는 것이다. 우리는 우리의 용기마저 무의미하다는 사실을 알지만, 그래도 용기를 품어야 한다. 이것은 절망적인 실존주의의 희망에 젖어 부활을 부정하는 짓이다.

그러나 신약성경은 부활이 엄연한 역사적 사실이라고 선포한다. 초기 그리스도인들은 변증법적 상징이 아니라 구체적인 사실에 관심이 있었다. 진정한 기독교는 예수님의 부활이라는 시공간적 사건과 함께 굳게 서거나 함께 폭삭 무너진다.

그리스도인이란 용어는 수천 가지 자격 요건이 붙고 아주 다양하게 정의된다. 어느 사전은 그리스도인을 문명인으로 정의한다. 부활을 인정하지 않아도 문명인이 될 수 있으나 성경이 말하는 그리스도인이 되지는 못한다. 스스로 그리스도인이라면서도 부활을 부정한다면 한입으로 두말하는 사람이다. 멀리하도록 하라.

사신死神 신학자 폴 반 뷰렌Paul Van Buren은 성경이 부활을 실제 역사적 사건으로 가르치지도 않는다고 주장했다. 그는 부활이란 제자들이 갑자기 예수를 '이해하게' 되었고 그를 새로운 빛에서 '보게' 된 '깨달음의 순간'에 지나지 않는다고 말했다.

반 뷰렌이 부활을 다루는 이러한 방식은 성경 본문을 제대로 분석할 때 지켜야 하는 규범을 깡그리 무시한다. 신약성경 저자들은 죽은 사람이 살아났다고 하나같이 주장했으며, 이러한 사실은 문학적 논박을 초월한다. 부활사상을 받아들이지 않을 수는 있어도 부활사상이 선포되었다는 사실마저 부정하지는 못한다.

루돌프 불트만마저도 초대교회의 '부활신앙'이 역사적 실재였다고 인정한다. 그러나 불트만에게 부활 이야기 자체는 성경의 핵심 진리에 불필요한 신화 껍데기에 지나지 않았다. 그는 부활신앙에서 부활선포가 비롯되었다고 주장함으로써 성경이 말하는 순서를 뒤집는다. 하지만 성경은 부활에서 부활신앙이 비롯되었다고 말한다. 이러한 인과 관계의 미묘한 차이가 바로 신앙과 배교를 가른다.

성경 저자들은 자신들이 부활하신 그리스도를 직접 목격한 증인이라고 했으며, 자신의 신앙이 진실함을 피로써 증명했다. 고대교회는 부활신앙을 지키려고 목숨까지 기꺼이 내놓았다.

어떤 교단은 분열을 초래한다는 이유로 육체의 부활을 드러내 언급하길 주저했다. 이처럼 현대교회는 부활신앙을 드러내어 말하려 들지 않는다. 그리스도의 부활을 믿는 신앙은 그리스도인과 검투사를 나누었고 그리스도인을 증오했던 네로 황제를 자극해 사람을 태워 자신의 정원을 밝히게 했다. 그리고 지금도 실제로 분열을 초래한다.

예수님의 부활은 말 그대로 급진적이다. 예수님의 부활은 기독교 신앙의 '라딕스radix', 곧 '뿌리'다. 예수님의 부활이 없으면, 기독교는 인간의 지혜를 말하는 진부한 이야기로 우리의 도덕의식을 고취하려는 또 하나의 종교에 지나지 않는다.

사도 바울은 '부활 없는' 기독교가 초래할 분명하고 논박이 불가능한 결과를 제시했다. 바울은 그리스도께서 부활하지 않으셨다면 우리는 다음과 같은 결론에 이른다고 추론했다고전 15:13-19.

1. 우리가 전파하는 것이 헛것이다.
2. 우리의 믿음도 헛것이다.

3. 우리는 하나님의 거짓증인으로 드러난다.
4. 우리가 여전히 우리 죄 가운데 있다.
5. 고인이 된 우리가 사랑하는 사람들이 멸망했다.
6. 우리가 가장 불쌍한 자이다.

이러한 여섯 가지 결론은 부활이 기독교의 본질과 내적으로 어떻게 연결되는지 또렷하게 보여준다. 예수님의 부활은 기독교 신앙의 '필수 요소'이다. 부활을 제거하면 기독교도 사라진다.

그러나 성경저자들은 신앙의 전체적인 일관성을 근거로 부활을 주장하는 게 아니다. 우리가 부활을 단언해야 하는 까닭은 다른 대안이 마땅찮기 때문이 아니다. 우리가 부활을 단언해야 하는 까닭은 부활이 없으면 삶이 소망이 없고 견디기 어렵기 때문이 아니다.

부활신앙은 사색이 아니라 경험적 자료에 근거한다. 성경저자들은 부활하신 그리스도를 보았다. 이들은 그분과 이야기를 나누었고 함께 식사도 했다. 그리스도의 죽음과 부활은 특별 계시를 받았다고 주장하는 요셉 스미스Joseph Smith, 몰몬교 창시자의 체험처럼 한 쪽 구석에서 일어난 일이 아니다. 예수님의 죽음은 뭇사람들이 목격한 일이었고 공적으로 기록된 사건이었다. 500명이 넘는 사람들이 부활하신 그리스도를 한꺼번에 보았다. 성경이 이 문제와 관련해 역사를 제시한다.

성경에 기록된 예수님의 부활기사에 대해 제기되는 가장 강력한 반대는 성경에 기록된 다른 기적들에 대해 제기되는 반대와 다르지 않다. 다시 말해 이런 사건은 불가능하다는 것이다. 역설적이게도, 신약성경은 그리스도의 부활 문제를 정반대 방향에서 접근한다. 베드로는 오순절 설교에서 이렇게 선포했다. "하나님께서 그를 사망의 고통에서 풀어 살리셨으니 이는 그가 사망에 매여 있을 수 없었음이라" 행 2:24.

여기서 말하는 원리를 제시하려면, 이중부정법을 사용해야만 한다. 그리스도께서 부활하지 않으셨다는 것은 불가능했다. 죽음이 그리스도를 붙잡아 두었다면, 죽음의 법이 극도로 침해되었을 것이다.

현대인은 죽은 존재가 죽은 상태로 있는 것은 바뀔 수 없는 자연 법칙이라고 본다. 그러나 이것은 타락한 자연 법칙이다. 유대-기독교의 자연관에서 보면, 죽음은 죄에 대한 하나의 심판으로 세상에 들어왔다. 창조주께서 죄는 사형에 해당한다고 선언하셨다. "네가 먹는 날에는 반드시 죽으리라" 창 2:17. 이것이 최초의 경고였다.

하나님은 인간이 범죄한 날 이후에도 살도록 생명을 연장해주셨으나 무한정 연장해주지는 않으셨다. 최초의 규정이 완전히 폐기된 게 아니었다. 아담은 죽을 가능성posse mori과 죽지 않을 가능성posse non mori을 함께 지닌 존재로 창조되었다. 스스로 죄를 지음으로써, 아담은 죽지 않을 가능성을 잃었고, 필연적인 죽음non posse non mori을 초래했다.

예수님은 아담이 아니었다. 그분은 둘째 아담이었다. 그분은 죄가 없었다. 원죄도 없었고 스스로 지은 죄도 없었다. 죽음은 그분을 자기 소유라고 주장할 권한이 없었다. 그분은 자신에게 전가된 죄 때문에 징벌을 받으셨다. 그러나 일단 죗값이 지불되자 전가된 죄의 짐이 그분의 등에서 제거되었고, 죽음은 힘을 잃었다.

죽음을 통해 대속이 이루어졌다. 그리고 부활을 통해 예수님이 전혀 죄가 없음이 입증되었다. 성경이 주장하듯, 예수님은 자신의 변호뿐 아니라 우리를 의롭다 하시기 위해 부활하셨다.

데이비드 흄David Hume이 개연성확률 지수 테스트에서 그리스도의 부활을 받아들이지 않는 이유는 그리스도의 부활이 유일무이한 사건이기 때문이었다. 흄은 한 가지 면에서 옳았다. 그리스도의 부활은 유일무이한 사건이었다.

성경은 나사로의 부활을 비롯해 다른 부활기사도 제시한다. 그러나 이러한 부활은 그리스도의 부활과 범주가 다르다. 나사로는 다시 죽었다. 예수님의 부활이 유일무이한 사건이라는 사실은 예수님 자신의 유일무이한 부분, 즉 예수님은 죄가 없는 분이라는 사실과 관련이 있다.

만약 하나님이 예수님으로 영원히 죽음에 매여 있게 하셨다면, 자신의 의로운 성품을 스스로 해치는 셈이었으리라. 그것은 불의이며 하나님에겐 전혀 불가능한 행위이다. 놀라운 사실은 예수님이 부활하셨다는 게 아니라 그분이 그렇게 길게 무덤에 머물러 계셨다는 점이다.

하나님이 그리스도로 그렇게 오래 무덤에 머물게 하신 까닭은 인간의 연약한 불신앙을 헤아리셨기 때문이었을 것이다. 그리스도께서 죽으셨다는 사실에 털끝만큼도 의심을 하지 못하도록, 부활을 거의 죽어가다 다시 살아난 것으로 오해하지 못하도록 하기 위해서였을 것이다.

예수님은 부활하셨기에 세상 어느 종교의 창시자와도 다르다. 부처도 죽었다. 마호메트도 죽었다. 공자도 죽었다. 이들은 너나없이 죄인이었다. 이들 중에 아무도 대속을 행하지 않았다. 이들 중에 아무도 부활을 통해 자신이 옳음을 입증하지 않았다.

우리가 부활이라는 사실을 믿지 못해 비틀거린다면, 그 주말에 엠마오 마을로 내려가던 두 제자의 처지를 곰곰이 생각해 보는 게 좋겠다. 누가는 우리를 위해 그 사건을 기록으로 남겼다눅 24:13-35.

두 사람이 걸어서 예루살렘을 떠났고, 도중에 예수님이 신분을 감춘 채 합류하셨다. 이들은 십자가를 둘러싼 사건들을 예수님께 알렸고, 예수님이 그 일을 전혀 모르신다는 사실에 짜증을 보이기도 했다. 이들이 부활에 관한 여자들의 보고를 말할 때 그리스도께서 이들을 꾸짖으셨다.

미련하고 선지자들이 말한 모든 것을 마음에 더디 믿는 자들이

여! 그리스도가 이런 고난을 받고 자기의 영광에 들어가야 할 것이 아니냐 하시고, 이에 모세와 모든 선지자의 글로 시작하여 모든 성경에 쓴 바 자기에 관한 것을 자세히 설명하시니라.

그날 밤, 두 사람은 눈이 열려 곁에 계셨던 분이 예수님이었음을 깨닫는 순간 서로에게 이렇게 말했다. "길에서 우리에게 말씀하시고 우리에게 성경을 풀어 주실 때에 우리 속에서 마음이 뜨겁지 아니하더냐?"

그리스도인은 회의주의자가 아니다. 그리스도인은 가슴이 불타는 사람이며, 가슴에 부활의 확신이 이글대는 사람이다.

예수님의 승천

나는 암스테르담에서 신학 학위논문을 쓰면서 신앙의 위기를 맞았다. 나는 승천 교리를 집중적으로 연구했고, 내 신앙의 위기는 여기서 시작됐다. 그리스도의 승천은 신약성경에 단 두 차례 기술된다. 대다수 개신교인들처럼 나도 이 주제를 대수롭지 않게 여겼고, 그리스도의 생애에 덧붙여진 후 기쯤으로, 따라서 성탄절이나 부활절만큼 특별히 기념할 가치가 없는 사건 정도로 여겼다.

이제는 예수님의 승천이야말로 그분의 생애에서 일어난 어느 사건보다, 심지어 십자가 죽음이나 부활보다 중요하다고 확신한다. 그리스도의 생애와 관련된 각 사건에 상대적 가치를 매기는 행위 자체가 어리석지만, 승천의 의미를 과소평가한다면 우리의 항해는 위험하기 짝이 없다.

무엇이 십자가보다 중요하겠는가? 십자가가 없다면, 우리의 대속도 없고 구속도 없다. 바울은 그리스도와 그분이 십자가에 못 박히신 사실 외에는 아무것도 전하지 않겠다고 결심했다. 그러나 부활이 없다면 우리에게는 죽은 구주만 남는다. 그리스도의 십자가와 부활은 함께 가며, 서로 상당한 가치를 부여한다. 그러나 부활 이야기는 빈 무덤에서 끝나지 않는다. 빈 무덤에서 끝맺는다면 구속사에서 절정의 순간을, 구약성경과 신약성경이 조금도 거침없이 달려가는 바로 그 지점을 놓치는 셈이다.

승천은 그리스도의 높아지심의 정점이며, 구속사의 절정

이다. 승천은 그리스도의 대관식이 시작되는 의미심장한 순간이다. 승천이 없으면 부활은 실망으로 끝나고 오순절 사건도 불가능하다.

나는 그리스도의 모호한 말씀 하나를 집중적으로 연구했고, 그 때문에 신앙의 위기를 맞았다. 언젠가 예수님이 제자들에게 자신의 임박한 죽음을 알리면서 "내가 가는 곳에 네가 지금은 따라올 수 없으나……" 요 13:36, "조금 있으면 세상은 다시 나를 보지 못할 것이로되……"라고 말씀하셨다 요 14:19. 예수님은 이어서 "내가 떠나가는 것이 너희에게 유익이라"라고 설명하셨다 요 16:7.

여기서 예수님은 자신의 떠남의 가치에 대해 말하고 계셨다. 예수님이 하신 말씀의 핵심은 그분이 곁에 없는 편이 함께 계시는 것보다 제자들에게 더 유익하다는 것이었다. 제자들은 이 말씀을 도무지 이해하지 못했을 게 분명하다. 그분의 심판을 눈앞에 두었기 때문에 그분의 집행유예 판결을 반길 불행한 자들이 아니고서야, 예수님이 곁에 없는 편이 곁에 계신 편보다 더 유익하리라고 생각하기란 불가능하다.

그리스도인은 그리스도께서 줄곧 함께 계시길 갈망한다.

현대의 그리스도인들은 성육하신 그리스도께서 이 땅을 밟고 걸으시는 모습을 직접 보고 그런 그분을 그때 직접 알았다면 좋았을 거라며 아쉬워한다. 해마다 수많은 사람들이 그분이 살았고 사역하신 땅을 보겠다는 목적 하나로 팔레스타인을 찾는다.

교회는 지금껏 예수님의 말씀에 숨겨진 뜻을 깨닫지 못했거나 그분의 말씀을 믿지 못하거나 둘 중 하나가 분명하다. 우리는 마치 승천이 없었다는 듯이 살아간다.

제자들은 예수님이 떠나시는 쪽이 자신들에게 더 유익하다는 말씀이 무슨 뜻인지 곧바로 깨닫지는 못했다. 제자들은 예루살렘에 올라가려는 예수님의 결심에 딴죽을 걸었고, 자신이 곧 죽으리라는 그분의 선언에 도리어 화를 냈다.

그리스도의 부활에서 승천에 이르는 기간에, 제자들이 주목할 만한 태도 변화를 보이기 시작하면서 이들에게 새로운 빛이 비추었다. 이러한 변화는 제자들이 예수님의 승천을 지켜본 직후에 보인 반응에서 절정에 이르렀다.

이들이 예수님의 승천하여 떠나심에 대해 보인 반응은 사람들이 흔히 보일 수 있는 반응과 달랐다. 기록에 따르면, 제자들은 "**큰 기쁨으로** 예루살렘에 돌아갔다" 눅 24:52, 강조 표시는 덧붙인 것이다.

헤어짐이 어지간히 달콤해서는 슬픔을 기쁨으로 바꾸지 못한다. 장병들이 배를 타고 전쟁터로 향하거나 뱃사람들이 바다로 나갈 때, 이들을 떠나보내는 사랑하는 사람들의 얼굴에는 미소가 아니라 눈물이 번진다.

2차 세계대전 중에 아버지가 휴가를 마치고 군용열차를 타러 가실 때, 내가 아버지의 더플 백을 잡아끌었던 기억이 난다. 아무런 기쁨도 없었다. 대학에 다닐 때 성탄절 휴가가 끝날 즈음, 함께했던 짧은 시간을 뒤로 하고 학교로 돌아가는 약혼녀를 버스 터미널에서 배웅했던 기억이 난다. 그때 학교로 돌아오는 내 발걸음은 전혀 즐겁지 않았다.

천사들은 예수님이 승천하신 감람산의 어느 지점에 멍하니 서 있는 제자들에게 어서 산을 내려가라고 등을 떠밀어야 했을 게 분명하다. 제자들은 그곳에서 얼어붙은 듯이 꼼짝하지 않았고, 예수님을 에워싼 영광스런 구름을 우두커니 지켜보고 있었다. 제자들은 자신들을 둘러싼 장엄한 광경에 넋을 잃은 채 그 자리에 발이 붙어버렸다. 이들은 천사의 말에 정신이 번쩍 들었다. "갈릴리 사람들아, 어찌하여 서서 하늘을 쳐다보느냐? 너희 가운데서 하늘로 올려지신 이 예수는 하늘로 가심을 본 그대로 오시리라"행 1:11.

이들은 예루살렘으로 돌아왔다. 이들의 마음은 들떠 있었던 게 분명하다. 돌아오는 내내 웃고, 뛰며, 노래했다. 이들은 다락방에 모여 다른 보혜사를 보내겠다는 예수님의 약속을 되새겼다. 기뻤다. 마침내 예수님이 어디로 가셨고 왜 그곳에 가셨는지 깨달았기 때문이었다.

앞서 그리스도께서는 "하늘에서 내려온 자 곧 인자 외에는 하늘에 올라간 자가 없느니라"요 3:13라고 말씀하셨다. 그분은 자신을 가리켜 말씀하고 계셨다. 이것은 승천을 유일무이한 사건으로 분류하는 말씀이었다.

승천을 통해 예수님은 자신이 그 누구와도 다른 분임을 다시금 보여주셨다. 그분 이전에도 이후에도 하늘에 "올라간" 자가 없었다. 올라감승천의 전제조건은 내려옴강림이었다. 이렇게 하실 자격을 갖춘 분은 오직 독생자요 성육하신 그리스도 예수뿐이었다.

다른 사람들도 승천하기는 했다. 에녹은 "옮겨졌고" 엘리야는 "데려감"을 당했다. 그러나 예수님이 말씀하시는 의미로 "하늘에 올라간" 자는 아무도 없었다.

예수님의 승천은 세계사에서 최고의 정치적 사건이었다. 그분은 어떤 자리로 올라가신 게 아니라 직위office에 오르셨다. 그분은 수치와 고난의 무대를 떠나 자신의 영광에 들어가셨다. 눈 깜짝할 사이에 그분은 멸시받는 갈릴리 선생의 신분을 벗고 빌라도와 헤롯을 비롯해 땅의 모든 통치자들을 뛰어넘어 우주의 왕으로 등극하셨다. 예수님은 승천하여 하나님 오른편에 앉으셨고, 그곳에서 만왕의 왕, 만주의 주로 등극하셨다. 그분의 떠나심이 정치적으로 '유익하다'는 사실이 여기서 뚜렷이 드러난다.

예수님의 승천이 교회에게 주는 의미는 참으로 엄청나다. 이것은 비록 우리가 적대 권력으로부터 핍박을 받고 조롱을 당하더라도, 비록 우리가 환영받지 못하는 소수로서 신음하는 처지에 있더라도, 우리의 보호자가 주권적인 권세의 자리에 앉아 계신다는 뜻이다.

하나님 나라는 실현되지 않은 꿈이나 종교적 망상이 아니다. 우리 왕의 대관식은 이미 이루어진 '기정사실'이다. 그분의 통치는 신화가 아니며 허상도 아니다. 그분의 통치는 실제 상황이다. 바로 지금, 전능하신 주 하나님이 자신의 오른편, 황제의 권세의 자리에 앉아 계신 아들과 더불어 통치하신다.

하나님 나라는 아직 완성되지 않은 것은 분명하다. 이것이 미래다. 그러나 하나님 나라는 이미 시작되었다. 이것이 과거다. 그분은 하늘과 땅의 모든 권세를 갖고 권능으로 다스리신다. 이것이 현재다. 하나님 나라는 보이지 않지만 엄연한 실재다. 그분의 교회는 보이지 않는 그분의 왕권을 보이게 하는 사명을 받았다.

그리스도께서 승천해 하나님 오른편에 앉으신 것은 오순절 사건과 떼려야 뗄 수 없는 관계다. 어찌 보면 예수님은 승천 전에는 성령을 보내실 권한이 없었다. 예수님이 보좌에 앉으신 후 가장 먼저 행사하신 권한이 바로 자신의 교회에 위로부터 능력을 쏟아 부으시는 것이었다.

그분의 제자들은 큰 사명을 위임 받았다. 온 천하를 다니면서 하나님 나라의 증인이 되라는 것이었다. 이들은 진정한 여호와의 증인이었고, 진정한 여호와의 증인이어야 한다. 그러나 먼저 성령이 임하기 전에는 국경을 넘거나 이 사명을 수행해서는 안 되었다. 제자들은 기뻐하며 예루살렘으로 돌아와 기다렸다. 오순절을 기다렸다. 우주의 새 왕께서 성령을 보내시자, 하나님 나라의 능력이 세상에 넘쳤다.

그리스도의 높아지심은 정치적 의미뿐 아니라 제사장적 의미도 내포한다. 그분은 왕의 홀(笏)뿐 아니라 대제사장의 의복도 받으셨다. 승천을 통해, 예수님은 왕궁뿐 아니라 성소에 들어가셨다. 예수님은 하나님 오른편에 앉으실 뿐 아니라 무릎을 꿇으신다. 그분은 날마다 자기 백성을 위해 중보기도를 하려고 거룩하고 거룩한 곳, 지성소에 들어가셨다. 우리의 왕은 우리의 이름을 불러가며 기도하신다. 우리는 바로 이러한 왕의 백성이다.

아직도 제자들이 기뻐했다는 게 이상한가? 제자들은 예수님이 어디로 가시고 왜 그곳에 가시는지 알게 되었다. 그 순간 이들이 보여야 하는 적절한 반응은 오직 하나, 축하뿐이었다. 이들은 춤을 추며 예루살렘으로 돌아갔다.

예수님은 육체적 임재는 사라졌으나 그분의 영적, 정치적 임재가 강해졌다. 신랑의 말씀이 "잠시 떨어져 지내는" 신부에게 위로를 준다. "볼지어다. 내가 세상 끝날까지 너희와 항상 함께 있으리라" 마 28:20.

사명선언문

너희가 흠이 없고 순전하여……세상에서 그들 가운데 빛들로
나타내며 생명의 말씀을 밝혀 _ 빌 2:15-16

1. 생명을 담겠습니다
만드는 책에 주님 주신 생명을 담겠습니다.
그 책으로 복음을 선포하겠습니다.

2. 말씀을 밝히겠습니다
생명의 근본은 말씀입니다.
말씀을 밝혀 성도와 교회의 성장을 돕겠습니다.

3. 빛이 되겠습니다
시대와 영혼의 어두움을 밝혀 주님 앞으로 이끄는
빛이 되는 책을 만들겠습니다.

4. 순전히 행하겠습니다
책을 만들고 전하는 일과 경영하는 일에 부끄러움이 없는
정직함으로 행하겠습니다.

5. 끝까지 전파하겠습니다
모든 사람에게, 땅 끝까지, 주님 오시는 그날까지
복음을 전하는 사명을 다하겠습니다.

서점 안내

광화문점 서울시 종로구 새문안로 69 구세군회관 1층
02)737-2288 / 02)737-4623(F)

강남점 서울시 서초구 신반포로 177 반포쇼핑타운 3동 2층
02)595-1211 / 02)595-3549(F)

구로점 서울시 동작구 시흥대로 602, 3층 302호
02)858-8744 / 02)838-0653(F)

노원점 서울시 노원구 동일로 1366 삼봉빌딩 지하 1층
02)938-7979 / 02)3391-6169(F)

일산점 경기도 고양시 일산서구 중앙로 1391 레이크타운 지하 1층
031)916-8787 / 031)916-8788(F)

의정부점 경기도 의정부시 청사로47번길 12 성산타워 3층
031)845-0600 / 031)852-6930(F)

인터넷서점 www.lifebook.co.kr